現地在住日本人ガイドが案内する

ダナン・ホイアン・フエ

［増補改訂版］

VIETNAM/DA NANG, HOI AN&HUE

隅野 史郎

はじめに

この本を手に取っていただきありがとうございます。

アジアのビーチリゾートとして世界中から注目を集めていたダナンですが、新型コロナウイルス感染症のためにさまざまな制約がありました。街からは外国人の姿がほぼ消え、世界遺産を含む観光地も休業、閉店を余儀なくされました。しかし、2022年から国内旅行が自由化されて、各地でベトナム人旅行者が増えました。感染症の影響で閉店してしまったお店を若いベトナム人が新しいお店にしたり、老舗の人気店も再開したりと、新旧入り交じる街として生まれ変わってきました。最近、街中でも外国人の姿を見るようになり、これからは外国人の旅行者も増えて、また元のにぎわいを取り戻してくれることでしょう。

私も在住23年目を迎えました。新たに知ることのできたベトナム各地の味を、ここダナンで楽しめるようになったのはうれしいことです。前版から半分くらいのお店が変わっていますが、おばあちゃんたちが、昔ながらのやり方で作り、若い子たちがテキパキとオペレーションしているお店が美味しくて居心地の良いお店に思えます。

ダナンでは、老舗の味を新しいおしゃれなお店で提供するところが増えました。また最近はレトロブームで、あえてレトロな造りにしたお店も多くなり、ベトナムの若者たちの人気を集めています。そんな古くて新しい、新しいけれど歴史のあるダナンに遊びに来てみませんか。

隅野 史郎

CONTENTS

アイコンの見かた

- レストラン
- ローカルご飯
- カフェ
- バー
- スパ
- ショッピング
- ホテル
- 名所・史跡・観光地など

DATAの見かた

- 住 住所
- 電 電話
- 休 定休日
- 営 営業時間
- 予 予約（可・不可・不要）
- C クレジットカード使用（可・不可）

※予約について／「不要」は、特に予約の必要がないスポットになります。時間帯によって混雑していて待たないといけない場合もありますが、回転が早いため少し待てば入れることが多いスポットです。

※本書の掲載データは、2023年1月現在のものです。その後、各スポットの都合により変更される場合がありますので、予めご了承ください。
※掲載した商品やメニューは本書発売期間中に売り切れる場合がございますので、予めご了承ください。

ベトナム中部エリアの基本情報

☑時差

日本とベトナムの時差はマイナス2時間。日本が午前10時なら、ベトナムは午前8時。サマータイムはありません。

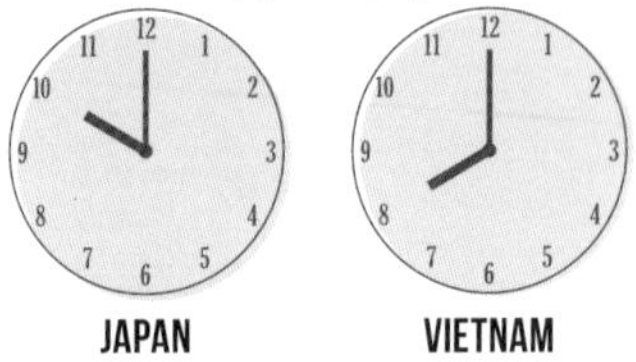

☑ビザ

15日以内の滞在の場合、ビザは不要です。入国の条件は①パスポートの残存期間がベトナムへの出発日より6カ月＋滞在日数以上あること。②帰りの航空券、または別の国に移動する証明になるものが必要です。

Shiro's Point
ベトナムからカンボジアなど陸続きの隣国に出国して、30日以内にベトナムへ再入国する場合は再びビザを取る必要があるので要注意。

☑日本からベトナム中部へ

直行便／ベトナム航空が2023年3月26日より、東京成田からダナン直行便の運航を再開する。
そのほか／東京羽田や大阪、名古屋、福岡からハノイ、ホーチミン両都市への直行便が多数出ており、乗り継ぎ便を利用してダナンまで行くことができる。

☑ダナン国際空港から市内へのアクセス

ダナン国際空港からダナン市内中心部までは車でおよそ15分。個人旅行の場合はタクシーを利用するか、ホテルの送迎サービスがある場合はそれを利用しよう。タクシーの場合、空港から主要なホテルエリアの料金は事前に決められており、タクシー乗り場の料金表に明示されている。

Shiro's Point
タクシー会社はVINASUN（ビナサン）、MAILINH（マイリン）など数社ある。すべてメーター制。とくにビナサンタクシーは安心安全で、カーナビもついているのでおすすめです。

☑市内での移動

中心部は徒歩で回ることができる。少し遠い所へはタクシーが便利。

VINASUN TAXI
（ビナサンタクシー）

☑気候

3〜8月が乾季で過ごしやすいが、7・8月は気温が高いので暑さ対策は万全に。9〜12月が雨季にあたり、洪水になることもある。

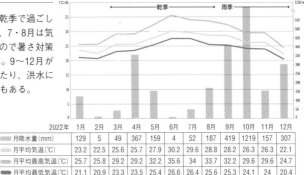

ダナンの平均気温と降雨量（2022年）

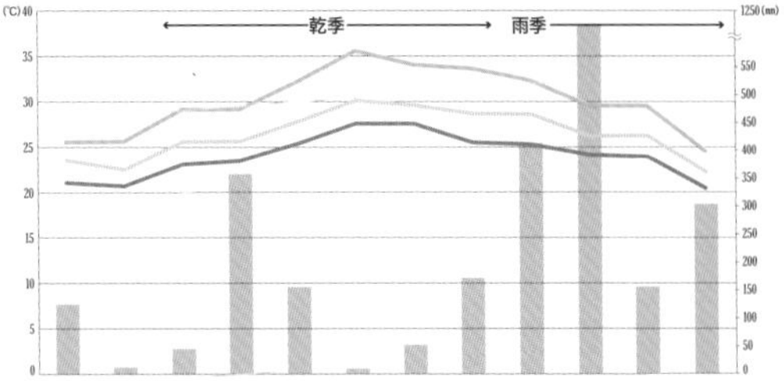

2022年	1月	2月	3月	4月	5月	6月	7月	8月	9月	10月	11月	12月
月降水量(mm)	129	5	49	367	159	4	52	187	419	1219	157	307
月平均気温(℃)	23.2	22.5	25.6	25.7	27.9	30.2	29.6	28.8	28.2	26.3	26.3	22.1
月平均最高気温(℃)	25.7	25.8	29.2	29.2	32.2	35.6	34	33.7	32.2	29.6	29.6	24.7
月平均最低気温(℃)	21.1	20.9	23.3	23.5	25.4	26.6	26.4	25.6	25.3	24.1	24	20.4

☑通貨

現地通貨はベトナムドン（VND）。まず1万円を両替して、なくなりそうになったらその都度必要な分を両替するのがベター。

Shiro's Point

お札の桁が大きい上によく似ているものもあるので間違えやすいです。財布のなかは金額の小さい順に整理しておくと便利。ベトナムドンを日本円にざっくりと換算する時は、0を2つとって半額にすると分かりやすいです。5万VND＝およそ250円。為替によって変動するので参考程度に。

☑電圧とプラグ

プラグはAまたはCなのでプラグ変換アダプターは必携。電圧は220V。スマートフォンやパソコン、デジカメは220Vに対応しているものも多く、変圧器は持っていく必要がない場合も。まずは取扱い説明書を確認しましょう。

Plug

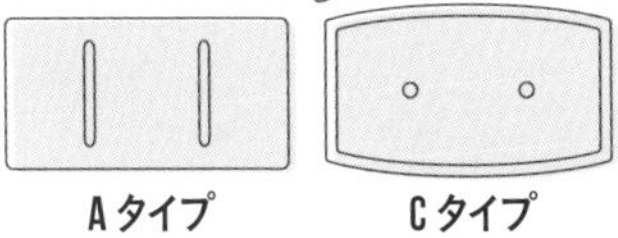

Aタイプ　Cタイプ

☑両替

すぐに必要な時はダナン国際空港で小額だけ両替を。銀行やホテルのほか、貴金属店で両替してくれる所もあるが、領収書が出ないので極力銀行で。観光客が多いホイアンや、ダナン市内のメジャーな店はクレジットカードやドル（USD）に対応する場合もあるが、ベトナムドン（VND）での支払いが基本。

Shiro's Point

本書で紹介しているローカル食堂はとっても安いけれど、現地通貨オンリーのお店ばかりです。

JEWELRY SHOP
（貴金属店）

☑チップ

基本的には不要。ホテルでポーターに荷物を運んでもらった時や、ベッドメーキングのお礼には1万VNDほどが目安。マッサージ店では料金とは別に金額の10%程度のチップを施術者が求める場合があるので、入店時に確認を。

ホイアンの旧市街を流れるトゥボン川。川沿いにはレストランやカフェ、バーなどが連なる。

市場に並ぶ色とりどりのフルーツ。地元の人に交じっての買い物も楽しい。

ホイアンの街並み。自転車やバイクがひっきりなしに行き交う。

リゾート地として人気のダナンのビーチ。真っ白な砂浜が長く続く。

ホイアンの夜を彩るランタン。まるで映画のワンシーンのような幻想的な風景が旅情を誘う。

トゥボン川を眺めながら食事ができるCobb Restaurant。水牛の料理が人気だ。（→P82）

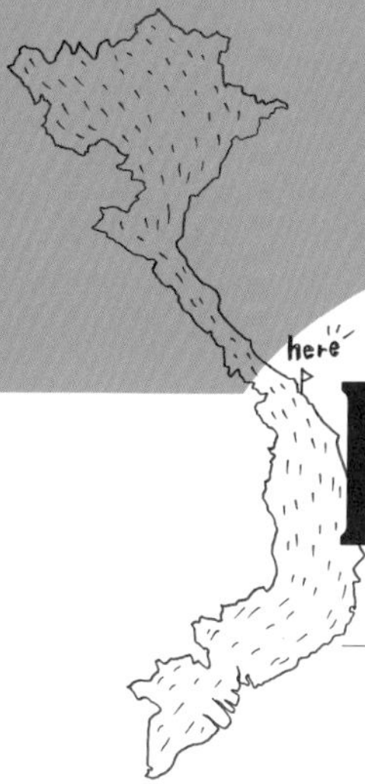

vietnam

DA NANG

ダナン

今、最も注目を集めるハイエンドなビーチリゾート地、ダナン。
ベトナム第３の都市でもあり、
日々変化する街や人々の姿を肌で感じることができる

Lang Nghe
ランゲー

MAP / P169・B2

まるで北中部の田舎の家を訪れたような雰囲気の庭が見事。席はすべてオープンテラスで心地よい。

ダナンでは珍しい、ベトナム北中部・ゲアン省料理のレストラン

ゲアン省の特産品を使った料理を出す店で、休日などはゲアン省出身者で賑わっています。特におすすめはヘオモイ（Heo Moi）という豚とイノシシを交配させた山の豚を使った料理の数々。自然の中で放し飼いにしているので、普通の豚に比べて皮や脂身が薄く、肉質は柔らかく香りもよいです。日本人には香草炒め（Heo Moi xao la lot）や、シンプルな生姜蒸し（Heo Moi hap Gung）が食べやすいでしょう。中部料理ではあまり使われないマムトムという海老の発酵調味料をつけて味わうのも、北部料理の影響が強い北中部料理ならではの特徴です。

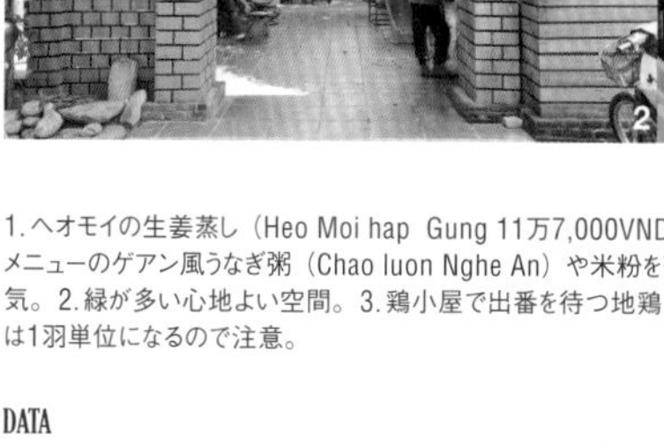

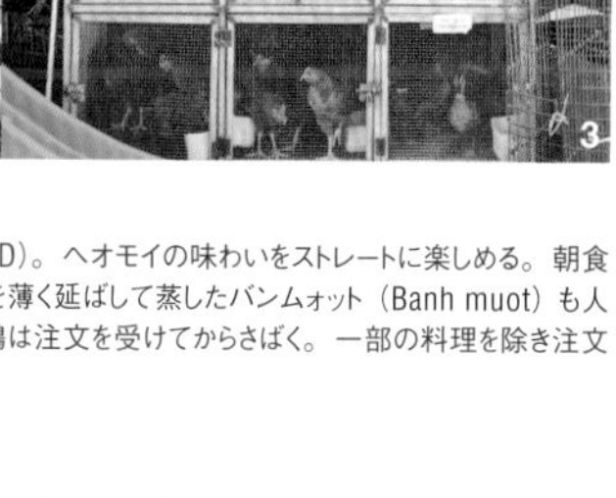

1. ヘオモイの生姜蒸し（Heo Moi hap Gung 11万7,000VND）。ヘオモイの味わいをストレートに楽しめる。朝食メニューのゲアン風うなぎ粥（Chao luon Nghe An）や米粉を薄く延ばして蒸したバンムォット（Banh muot）も人気。2. 緑が多い心地よい空間。3. 鶏小屋で出番を待つ地鶏は注文を受けてからさばく。一部の料理を除き注文は1羽単位になるので注意。

DATA

住 119 Le Loi, Hai Chau,Da Nang　電 079-3511 1119　休 無休　営 6:30〜22:30　予 可　C 不可

Nha Hang Cung Dinh

ニャー ハン クン ディン

MAP / P169・B3

あの老舗の隠れ家レストランがついに表舞台に!

長年、知る人ぞ知る隠れ家レストランとして人気だった店が、満を持してメインストリートに移転し、観光客も利用しやすくなった。メニューは、店のお薦めのホアンタンカイサオ（Hoanh Thanh Cai Xao=揚げワンタンと野菜の炒め物 8万VND）、チュンチエンティット（Trung Chien Thit=ひき肉入りオムレツ 6万5,000VND）など、昔ながらのダナン家庭料理の数々。私のお薦めは、魚醤を使ったガーチエンマム（Ga Chien Mam＝ベトナム式鶏のから揚げ 8万5,000VND）、これは甘辛くてビールのお供にも、コムタイカム（Com Tay Cam＝土鍋ご飯）のおかずにも最適。

1. 入口の看板を見落とさないように。2. チュンチエンティット、ホアンタンカイサオ、ポテト。小さなお皿にはマヨネーズとチリソース。ベトナム人は、これが大好き。3. 1階のテーブル席。2階には個室も。移転して小洒落た店になったが、ここのおじちゃん、おばちゃんは本当に気さく。メニューに写真もついているので安心して試してほしい。

入り口のオープンエアの席は可動式の屋根があり、突然の雨でも大丈夫。気候の良い初夏（5月ごろ）が楽しみ。

DATA

住 27 Hoang Dieu, Hai Chau, Da Nang　電 090-531 1383
休 無休　営 10:30〜21:00　予 不要　C 不可

Bun Quay Phu Quoc Ut Nhi

ブンクオイ フーコック ウックニー

MAP / P169・B4

ローカル店の気取らないたたずまい。香港人の主人は、ベトナム語より英語が堪能で日本語も少し話せます。

ダナンで食べるフーコック島名物は、自家製麺が美味しい

フーコック島名物ブンクオイ（Bun Quay）を初体験した僕の感想は「優しい味」。島の名店で食べたことのある友達いわく「フーコック島ではもっと薄味だった」とのこと。少しダナンの人向けに調整してるのかな？　南部料理なので、基本辛味はありません。しかしスパイスの胡椒は必須。そう、フーコック島は胡椒の名産地なのです。そして一緒に出てくる謎のタレ。なんと！　コンデンスミルクとライムを混ぜたもので、さらに刻み唐辛子をお好みで入れます。この甘さや辛さが合うのか？　と思いつつ入れてみると、これが合う。甘さ、酸味、辛味が食欲をそそります。

1.ベトナム南部（フーコック島はベトナムの最南端にある）の人は甘いものが好き。ダナンのある中部の人は辛いものが好き。練乳と唐辛子はお好みで。2.この通りは食堂街で、ベトナム各地の名物料理を出す店が軒を連ねる。3.その場でブン（Bun＝麺）を作っているから、軟らかく口当たりが良くなるのだろう。ほかではなかなか味わえない。

DATA

住 61 Huyenh Thuc Khang, Hai Chau, Da Nang　電 079-677 1187
休 無休　営 6:00〜21:00　予 不要　C 不可

Sabaidi

サバイディー

MAP / P169・B4

1. 焼き台の横に本日の食材が並ぶ。欲しいものを指させばお母さんが料理してくれる。2. ラオスに住んでいた一家が営む本格的ラオス料理店。3. 少し辛めのタレをつけて、ラオスビールで流し込むのがたまらない。

パワフルな焼肉系料理でラオスビールを楽しめるお店

茹でた内臓系の肉にタレを塗って焼く串や、自家製の腸詰などがラオス料理の定番。豚の頭骨で出汁をとったお粥もあるので、豚の頭肉や内臓系の肉料理と合わせて頼めば、昼ごはんや飲んだ後の締めにもぴったり。ここはベトナム語、ラオス語、タイ語しか通じないが、ラオス人はボッタくらない。それは「そんなことをしたら幸せになれないから」らしい。そんなわけなので安心して注文して欲しい。「一番の売りは、笑顔」と思えるほど、笑った顔が印象的なお父さんとお母さんは、ベトナム語が分からなくてもボディーランゲージで理解してくれるだろう。

鶏の丸焼きは半身で注文も可能。夜は焼き鳥のような串もいろいろある。

DATA

住 116 Huynh Thuc Khang, Nam Duong, Hi Chau, Da Nang
電 091-787 0657　休 無休　営 7:00-23:00　予 不要　C 不可

Goi Ca Quan Co Hong

ゴイカー クアン コーホン

MAP / P169・B4

ダナンにも刺身はあるのです。でも食べ方が違うのです

「ダナンで刺身」と言っても日本式ではなく、ベトナム式。このゴイカー（Goi Ca）はカタクチイワシなどの小さな魚の酢じめで、近いのは「締めさば」。観光客はちょっと行きにくいナムオー村の名物のため、中心街でナムオースタイルが楽しめると人気の店です。ゴイカーにはウック（Uot＝タレ漬け）とコー（Kho＝タレ無し）の2種類があり、ウックは焼いたライスペーパーを割り入れて食べ、コーは野菜と一緒にライスペーパーで巻いてタレにつけて食べます。野菜は日本でもお馴染みの大葉やサニーレタスのほか、青いパパイヤ、バナナの花のつぼみなども。

1

2

3

1. 入り口のガラスケースには大量のハーブ類。ゴイカーを食べるときはこのハーブ類が必須。2. 看板に書かれている「Dac San Goi Ca Nam O」。Dac San＝特産、Nam Oはダナン郊外の地名。「ナムオーの特産、ゴイカー」と言ったところ。3. メニューはベトナム語と英語のみだが、写真が付いているので安心。

手前左がコー、右がウック。奥の野菜は一緒に食べるもので、野菜のみ、ライスペーパーのみのおかわりも可能。タレはニンニクと唐辛子入りで、結構辛いので要注意。コムカイ（Khong Cay）と言えば辛くないものも用意してくれる。

DATA

住 118 Huyenh Thuc Khang,Hai Chau,Da Nang　電 090-593 5755　休 無休　営 10:00～21:00
予 不要　C 不可

Banh Cuon Nong Thuan

バインクォンノン トゥアン

MAP / P169・B1

日本人があまり知らない、ベトナム朝ご飯の隠れた定番

　すっかりベトナムご飯が浸透した日本でも、あまり知られていない料理があります。それがバインクォンノン。朝ご飯の定番料理で、水で溶いた米粉を薄く広げて蒸しあげ、中に刻んだキクラゲがパラパラと入ります。上には豚肉の田麩（でんぶ）とフライドオニオン、脇には野菜とさつま揚げが添えられ、甘酸っぱいタレを付けて味わう、米粉クレープのようなものです。ツルツルとした食感が、目覚めきっていない体にいくらでも入っていきます。この店は米の配合や自家製さつま揚げの味のバランスがよく、私が唯一バインクォンノンを食べる店でもあります。

1.2つの蒸し器を交互に使ってどんどん作られる。蒸しあがった生地を綺麗にはがすのが難しい。2.写真のバインクォンノン（2万5,000VND）は午前中だけのメニュー。午後はバインベオやバインナムなど、ほかのモチモチ系メニューになるが、これもまた美味しい。

DATA

住 95 Nguyen Chi Thanh,Hai Chau,Da Nang　電 090-503 0642
休 無休　営 6:30～10:00　予 不要　C 不可

これで安心！海鮮指差しオーダー表

著者の史郎（Shiro）さん考案の指差しオーダー表。これがあればダナンのレストランでオーダーは完璧！

『Quang Thanh Hien』（P46）など、ダナン市内の海鮮レストランは好みの食材と量、調理法を指定するスタイルが多い。目の前にある食材と量はやりとりできても、調理法はなかなか伝わらないもの。この表を指差せば一発で解決！　ぜひ挑戦してください。

煮る
nấu kho

焼く
nướng

蒸す
hấp

揚げる
chiên ram rang

茹でる
luộc

ベトナムのほんのり酸っぱいスープ Canh Chuaレシピ

元料理人でもあるShiroさんがこっそり教える簡単Canh Chuaレシピ。
ベトナム人にとって、日本の味噌汁のようなスープです。

Canh Chua
カインチュア

■材料（2人前）
スギやサワラ、銀ダラなど少し油気のある魚の切り身2枚、スナックパイン…2切れ、トマト1個、水煮タケノコ…適宜、小松菜…適宜、塩、コショウ…適量、ヌックマム（またはナムプラー）…大さじ1、ライム（なければレモン）しぼり汁…大さじ1～2（お好みで）、酢…小さじ1、水…2カップ、塩…適量

1. 魚に適量の塩を振って10分置いて臭みを抜く
2. ペーパータオルで魚の水気をふき取る
3. 鍋に水（2カップ）を入れて沸騰させ、魚を入れ中火で5分煮る
4. 小松菜以外の材料を入れて、そのまま5分煮る
5. 塩などの調味料を入れ、弱火で5分煮る
6. 仕上げにライム、酢、小松菜を入れて2分煮る。酸味を飛ばして完成。お好みで砂糖を小さじ1くらい入れると南部風なまろやかな味になって美味しい

Hu Tieu Muc Thuan Thanh

フーティウ ムック トゥアンタン

MAP / P169・B3

フォーとは違う食感！ イカフーティウを流行らせた店

私の息子が南部在住の友達に「いつも何を食べてるの？」と聞くと、「フーティウ」と答えたという。ベトナムはフォー（Pho）が有名だが、南部ではフーティウ（Hu Tieu）の方が遥かに馴染みがあるようだ。この店のイカフーティウ（Hu Tieu Muc 4万VND〜）は、大人気の一品。エビやイカの出汁が入ったタレで味わう和え麺（Kho）がメインで、フォーとは違う乾麺の食感と魚介の出汁が人気の秘密かもしれない。ほかにエビ（Tom）、イカとエビ（Muc Tom）のフーティウもある。

1

2

3

1.フーティウの店が増えているが、やっぱりいつも混んでいるのはこの店。2.何がそんなに美味しくさせるのか？と考えると、テーブルにある緑色の「レモン・バジルソース」かもしれない。魚介をさっぱり味わえるソースだ。3.ここで内緒話なのだが、お店の裏に厨房がある。ここで女の子が作っているときの方が美味しい気がする。

DATA

住 15 Le Hong Phong, Phuoc Ninh, Hai Chau, Da Nang　電 090-555 5941
休 無休　営 6:30〜21:00　予 不要　C 不可

ダナンの道の渡り方

ダナン市内の道路は横断歩道も少ない上に、日本では考えられないほどのバイクの量！ 渡るのは至難の業…と思いきや実はコツがあるのです。

Point
あわてず
止まらず
走らず
後戻りせず

ダナンの道を渡るときは右手を前に出して、女王様になること。「私が渡るのですからあなたたちが避けなさい」とアピール。そしてあわてず、止まらず、走らず、後戻りせず、の４つの“ず”のルールを守って最後までゆっくりと渡っていきます。車の陰や路地から飛び出してくるバイクもいるので途切れたからといって走ってはいけません。最後までゆっくりと渡ってください。バイクの運転手も事故は起こしたくないので避けてくれます。運転手が予測できない動きをすると危険です。また複数人で渡るときは縦に並ぶのもコツ。

Banh Xeo Ba Duong

バインセオ バー ユーン

MAP / P169・A4

パインセオ dac biet（5万5,000VND）、ネムルイ（1本5,000VND）。串はライスペーパーに包んで回しながら抜くと簡単に抜ける。

秘伝のタレで勝負の超人気店。メニューは2種類なので安心！

日本でもベトナム風お好み焼きとしてお馴染みのバインセオ。ダナン人においしい店を聞くと真っ先に出てくるのがここ。メニューはバインセオとネムルイという豚つくねの2種類のみ。黙って座れば自動的に出てきます。どちらも野菜と一緒にライスペーパーに包んでタレをつけて頂くスタイル。油を多く使って焼き上げるバインセオには青パパイヤの千切りと野菜をたくさん入れて包むと美味しい。裏ごししたレバーなどが入った旨みたっぷりの秘伝ダレが人気の源。ホーチミンなど南部のバインセオは直径約30センチの大型ですが、中部はその半分くらいなのも特徴。

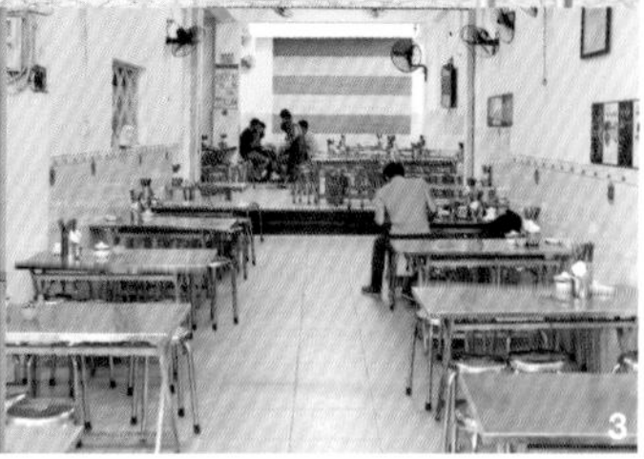

1. 沢山の小さなフライパンを並べてどんどん焼き上げられるバインセオ。2. バー ユーンへ来るお客さん目当てに土産物店も軒を連ねる。Ba Dung やBe Duongなど類似店もあるので要注意。3. 清潔な店内。時間帯によっては空いているが昼時、夕方は満席になる。しかし回転が速いので少し待てば入れる。

DATA

住 K280/230 Hoang Dieu, Hai Chau, Da Nang　電 0236-387 3168
休 無休　営 9:00〜22:00　予 不要　C 不可

Mi Quang 1A

ミークアン 1A

MAP / P169・D2

ホイアンのカオラウは伊勢うどんがルーツといわれるが、コシの無いミークアンの方が伊勢うどんに近い。

ダナン名物ミークアン、まずは基本の味を食べてみよう

ダナン名物のミークアンはきしめんのような幅広麺にタレを絡ませて食べる汁なし麺。「ダナン人に聞いてごらん、どこのミークアンが一番美味しいか。きっとみんな『お母さんのミークアン』と答えるよ」という詩が残っているほど、ミークアンにはさまざまな家庭の味があります。お母さんが100人いれば100種類の味があるということ。それほどミークアンの店はたくさんあります。そこでまずはこちらの店で基本のミークアントムティット（Mi Quang Tom Thit 3万5,000VND）を食べてみよう。豚肉と海老を煮込んだタレのかかった黄色い麺は定番スタイルだ。

1.朝は地元の人の朝ご飯として、日中は観光客も含めて賑わう店内。ミークアンのMiは麺、Quangは広いという意味。かつてのQuang Nam-Da Nang省、Quang Ngai省などの意味も含まれるそう。2.ダナンの中心地にあり、近隣にはホイアンのカオラウや鳥ご飯（Com Ga）を出すお店など中部の名物料理の店が立ち並ぶ。

DATA

住 1A Hai Phong, Da Nang　電 0236-382 7936　休 無休　営 6:00～21:00　予 不要　C 不可

Tonkin Bun Cha

トンキン ブンチャー

MAP / P168・D3

子供に受け継がれる北部伝統の味、焼肉つけ麺ブンチャー

　南北に長いベトナムの北部の名物料理、ブンチャー（Bun Cha）。焼肉、肉団子、揚げ春巻きなどが入っている甘酸っぱいタレに、ブンという米粉の細麺をつけて食べる。バラク・オバマ元米大統領が食べて一躍有名になった「ブンチャーオバマ」と同様の料理だ。ダナンでは馴染みのない料理だが、おばあちゃんが昔ながらの炭火焼きをする肉の美味しさと、若い人たちが現代風にアレンジしたインテリアがウケているのだろうか？　細い路地の奥にあった店舗は移転して、大きな店に変わって営業している。

1. 竹細工を基調とした昔ながらの雰囲気を、若い子のセンスで現代風にアレンジ。2. 柑橘のクアット（quat）で甘みと酸味、好みで刻みニンニクと唐辛子を入れてパンチを。3. 昼時には店頭で肉の炭火焼きが売られます。

DATA

住 259 Nguyen Cong Tru, Song Tra, Da Nang　電 078-211-1233
休 無休　営 7:00〜22:00　予 不要　C 不可

Com Tam Saigon NG

コムタム サイゴン NG

MAP / P169・B4

炭火でどんどん焼かれる豚肉。この香りが食欲をそそる

コムタム（Com Tam）は、砕いたご飯という意味で、出荷できないくず米に焼肉のタレと豚の脂の旨味を染みこませて食べたことが始まりだったとか。ホーチミンを中心とした南部料理だが、今ではベトナム全土で食べられる人気の昼ご飯。日本で言ったら牛丼のようなファーストフードでもある。骨付き豚ロース肉をタレに漬け込んで炭火で焼いたものをご飯の上に乗せて食べるコムタムスゥン（Com Tam Suon）が基本形で、これにオプションを追加していただこう。ちょこっと付いてくるナマスや野菜が、濃い味を食べた口の中をリセットしてくれるのもいい。

1

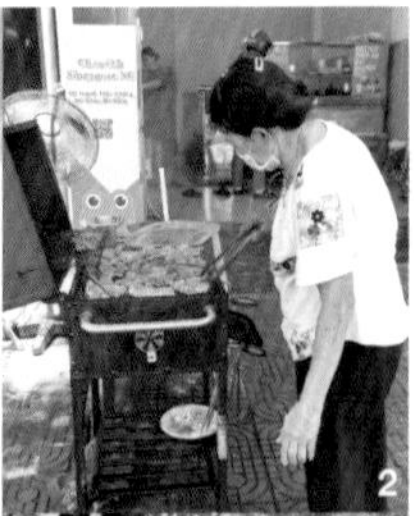

2

3

1.Trung Op La（目玉焼き）、Cha（豚のハンバーグ）、Bi（皮の細切り）などのオプション全部乗せ4万8,000VND。約250円でこのボリュームと美味しさ。人気が出るのも納得。2.一緒に出てくるヌックマム（Nuoc Mam）ベースのタレ。これがご飯に染みて美味しい。3.デリバリー業者が頻繁に出入りし、店内にお客さんはほとんどいない。

DATA

住 141 Huyen Thuc Khang, Hai Chau, Da Nang　電 090-569 0919
休 無休　営 6:30〜21:00　予 不要　C 不可

Bun Thit Nuong Kim Anh

ブン ティットヌゥォン キムアン

MAP / P169・B4

香りの良いカリカリのフライドオニオンも良いアクセント。ベトナムのお米文化を楽しんでほしい。

網状の細麺ブン、焼肉をおかずにサラダ仕立てで食べる

この網状の細麺ブンのバインホイ（Banh Hoi）は、ダナンとホーチミンの中間に位置するクイニョン（Quy Nhon）という町の名物。多くの店が朝食用に朝しか売っていないが、この店はお昼時も売っている。普通の麺やライスペーパーにはない、軟らかな食感を体験してほしい。甘酸っぱいタレやヌゥォックレオ（Nuoc Leo＝ピーナツごまダレ）などでサラダ感覚で食べると、夏の暑いダナンでも食欲が湧いてくる。基本の具材はティットヌゥォン（Thit Nuong＝焼き肉）だが、お願いすればネムルイ（Nem Lui＝豚肉つくね）に替えてくれる。

1

2

3

1・2.ここもおばあちゃんたちが腕を振るう名店。やっぱりおばあちゃんたちが作ってくれる地元料理は一味違う。3.Nem Lui=豚つくねに替えてもらったBanh Hoi。右上の茶色のタレがヌウォックレオ=ピーナツごまダレ。

DATA

住 63 Huyen Thuc Khanh, Hai Chau, Da Nang　電 0236-358 2486
休 日曜　営 6:30〜21:00　予 不要　C 不可

Bun Cha Ca Ong Ta

ブンチャーカー オン ター

MAP / P169・B2

野菜をたっぷり入れ、テーブルにあるアミの塩辛と、にんにく唐辛子を入れてアクセントを付けるのが現地流。

遅れて参戦するも老舗のブンチャーカー街で大成功!

この店のある周辺は、昔からダナン名物のブンチャーカー（Bun Cha Ca＝さつま揚げ細米麺　3万5,000VND）の老舗が立ち並ぶエリア。そこに後から参戦して大丈夫なのか？と当時思ったものだが、あっという間に人気店になりました。その秘密は手作りのさつま揚げ。昨今では機械ですり身を作るが、それだとさつま揚げのプリプリした食感が損なわれてしまう。しかし、この店では昔ながらの石臼で叩いてすり身を作る方法にこだわったことが功を奏した。さらにスープに入れる野菜も契約農家に無農薬で作らせるなど配慮している点も、人気を集めています。

1.カボチャやパイナップルなどが入る甘めのスープにさつま揚げをくぐらせて、Bunという細い米粉の麺にかけて食べるBun Cha Ca。2、3.広いスペースが2階にもあり、朝昼、大型バスで観光客が大勢来店することもある。4.こだわりの自家製手作りさつま揚げ（Cha Ca）の味がこの店を支えている。

DATA

住 113A Nguyen Chi Thanh, Hai Chau, Da Nang　電 0236-389 8700
休 無休　営 6:00〜21:00　予 不要　C 不可

14.

vietnam

DA NANG

Com Hue 22

コム フエ 22

MAP / P169・B3

ダナンのサラリーマンに混じって、お昼ご飯を食べよう

昼時になるとサラリーマンで混雑する大衆食堂は、街のあちこちにあり、どこもガラスケースに並ぶおかずを指で差して注文できます。お皿にはご飯が山盛りに盛られ、そこにおかずを盛っていく皿ご飯のコムディア（Com Dia）が一般的なスタイル。数人でおかずをシェアできるコムファン（Com Phan）という食べ方もあります。フエの家庭料理をダナンで40年以上提供する『Com Hue 22』は、ダナンのサラリーマンに人気を誇る老舗。裏技的な使い方は“大衆食堂飲み”。ビールも置いてあり、料理も小皿で注文できるので、いろいろなベトナム料理を食べながらビールが楽しめます。

1. ベトナムの昼休みは11時から13時くらいまで。店で食べる人や、お弁当のテイクアウトで行列ができることもある。2. ベトナム語でcomはご飯、Hueはお隣フエ市のこと。店名の通り「フエのご飯の店」 3. ガラスケースにずらりと並ぶおかずを手際良く盛り付けてくれるのは、昔から美人3姉妹と評判の長女。

手前からマナガツオの素揚げ（4万VND）、卵入り豚肉の角煮（5万VND）、カタクチイワシの炒め煮（3万VND）、小エビの唐揚げ（5万VND）、茹で空芯菜（2万VND）、日替わりスープ（3万VND）。

DATA

住 22 Thai Phien, Hai Chau, Da Nang　電 0236-389 7833
休 無休　営 9:00〜21:00　予 不要　C 不可

Bun Bo Hue Huong

ブンボーフエ フーン

MAP / P169・A2

ミックスブンボーフエ（Bun Thap Cam 5万VND）。肉で出汁をとった汁に、紫タマネギの酢漬けが良く合う。

本場フエより美味しいブンボーフエが、ダナンにあり!

フエの名物料理ブンボーフエ（Bun Bo Hue）は牛骨、牛すじ肉、豚足などを煮込んだピリ辛スープにレモングラスのわずかな酸味で、あっさりとした仕上がり。そこにいろいろな部位の肉と少し太めのブンという米麺が入る。フエ王朝が崩壊した1945年以降、ダナンには職を求めて移住者が増えたので、フエ料理を出す店がたくさんあります。ブンボーフエの本場フエは、観光地のため観光客の好みに合わせるように味が変化していきましたが、この店は今も昔ながらの作り方なので、フエよりも元祖の味で美味しい。いわばガラパゴス化したブンボーフエといったところ。

1. 気をつけないと見落としてしまうほどの小さな店。2. 店頭にあるいろいろな部位の肉を切ってブンの上にのせ、大鍋で煮たスープをかける。注文して出てくるまでは一瞬だが、その仕込みには数時間かかっている。3. 値段は他店と比べて高い方だが、一日中お客さんが途絶えることはない。良い原材料を豊富に使うのが美味しさの秘訣だろう。

DATA

住 22 Thai Phien, Phuoc Ninh, Hai Chau, Da Nang　電 090-472 0392
休 無休　営 6:00〜22:00　予 不要　C 不可

16.

vietnam
DA NANG

Quang Thanh Hien

クアン タン ヒエン

MAP / P168-D3

ベトナムは、東側が海に面しているので、旧暦の16日には海岸線に大きな月が昇る。スーパームーンのときなどがねらい目。

価格は貼り出し! 明朗会計のローカルシーフード店

若い夫婦が4卓のみの小さな店からはじめたシーフード店。当時から安くて新鮮だったので、地元の人や日本人を含む在住外国人まで幅広く人気があった。2005年ごろはほとんどの海鮮料理店が価格表示をしておらず、在住者には一抹の不安があった。そこでこの店が素材の価格表を貼り出したことがウケて、客が急増。小さな店を畳んで父の店を引き継ぎ、さらに隣の敷地が空いたところで店を3倍に拡大。2016年にはついに2号店まで出してしまった。毎日賑わっているので、シーフードの回転が良くいつも新鮮。価格表はキロ単位だがグラム単位でも買えるのでご心配なく。

1.手前はワタリガニのにんにく蒸し（Ghe Do）。奥は大きなシャコ（Tom Thit）。2,海を眺めながらシーフードをオープンエアで味わう。奥にエアコン付きの個室もある。3.水槽に入った魚介はグラム単位で注文することができる。価格はベトナム語で1kg単位で表示されていて、1kg100万VNDで300gなら30万VNDという具合。30万VNDは約1,500円。

DATA

住 252 Vo Nguyen Giap, Song Tra, Da Nang　電 0236-384 8000
休 無休　営 9:00～23:00　予 不要　C 不可

17.

vietnam
DA NANG

Banh Hue 54

バイン フエ 54

MAP / P169・A1

一つ一つ、おばあちゃんが手作り。昔フエでは「主婦は台所から出られない」というほど料理を作っていたそう。

フエ名物が全種類味わえるコンボセットがうれしい

フエにはバイン（Banh）という名物の餅料理があります。ダナンで出会うバインは、フエのバインと比べると少し味が落ちる気がしていましたが、ここはフエの味を手作りで伝える店。おばあちゃんたちが一つ一つ作っています。一口餅のバインベオ（Banh Beo）、海老ミンチを使うバインナム（Banh Nam）、海老をタピオカ団子で包むバインロック（Banh Loc）、小さな肉まんのバインイット（Banh It）など種類が豊富。ここには全種類が楽しめるコンボセット（3万5,000VND）もあります。1人でも食べきれる量なので、ぜひ試してみてください。

1.フエの名物を少しづつ食べられる、うれしいコンボセット。こうしたセットは市場の食堂にもあるが、味が格段に違う。2.すっきりとした店内では、小さな肉まん（Banh It）10個入りの持ち帰りパックなども販売している。

DATA

住 54/2 Ong Ich Khiem, Hai Chau, Da Nang　電 090-117 0090
休 無休　営 7:00〜12:00、14:00〜19:30　予 不要　C 不可

18.

vietnam
DA NANG

Chin's Kitchen Coffee

チンズ キッチン コーヒー

MAP / P169・B4

日本でも人気のバインミーや生春巻きが楽しめる店

日本でも市民権を得たバインミー(Banh Mi)と生春巻き(Goi Cuong)をテイクアウト中心で提供する店。小さなお店だが、歩道にテーブルと椅子もあり、ベトナムらしい喧騒を眺めながら軽食を楽しめる。私のお気に入りはBanh Mi Thit Kho Dua Cai(肉と高菜漬けのバインミー)。中部式のバインミーだと、唐辛子や青パパイヤのなますや、ハーブを入れることが多いのだが、ここのはなんと漬物。しかし、これが意外に良く合う。もちもちとした中部式のパンも食べやすくて私の好みだ。人気のジュース、スイカ（Dua Hau）とライム（Chanh）などもお薦め。

1.店内にイートインスペースは無いので、テントの日陰でバインミーを食べたり、コーヒーを飲んだりゆっくり過ごそう。基本はテイクアウトだが「アン ア ダイ（An O Day＝ここで食べる)」とか「Eat Here」と言えばお皿でも出してくれる。2.たっぷり挟まれている高菜漬けが良く合う。3.お洒落な入口に見えるが、ドアを開けると厨房なので要注意。

生春巻きはこれで1人前（3本ミックス 3万VND）。春巻きを巻いているバナナの葉は食べられないので外してね。

DATA

住 154 Le Dinh Duong, Hai Chau, Da Nang　電 093-560 7633
休 無休　営 6:30～21:30　予 不要　C 不可

19.
vietnam
DA NANG

Roots-Plant-based cafe

ルーツプラントベースド カフェ

MAP / P168・D3

1. 手前がTropical Pitaya（6万5,000VND）。バナナをメインに、ドラゴンフルーツなどを盛り付け、ココナツミルクをかけたフルーツボール。2.Go Green Bowl（10万VND）は、自家農場で丹精込めて育てた野菜で作ったグリーンサラダ。

自然の美味しさそのまま！　農場を持つヴィーガンレストラン

ベトナムには豊富な農産物があって、みんなよく食べている。「フルーツや野菜は美味しい。ただ季節などで多少味が変化するので、そこが悩みの種だった」と、オーナーは語る。そこでMang Denの農場と手を組んで自社農場を造り、オーガニック野菜を安定して仕入れることになったとか。私が食べたTropical Pitayaは、ベトナムのMix Sinh To（ドライフルーツ入りのミックスフルーツボール）で、とろけるようなバナナに、ドラゴンフルーツ、マンゴー、ココナッツミルクなどをブレンドしたソースがよく合う。朝ご飯やブランチにもピッタリの一皿だ。

オーガニックで育てている野菜。時折、農場見学ツアーも行っている。

DATA

住 Lo 26-27 Tran Bach Dang, Son Tra, Da Nang　電 086-552 8252
休 無休　営 8:00〜22:30　予 不要　C 不可

20.

vietnam
DA NANG

Cong Caphe
コン カフェ

MAP / P169・B3

左はココナツコーヒー（COT DUA CAPHE）、右はもち米入りヨーグルト（SUA CHUA NEP CAPHE）各5万9,000VND。

ハノイ発、古くて新しいお洒落カフェ

深緑色の外観に、内装は古い机や椅子、破れかけたソファーや鉄格子。従業員も深緑色の制服を着て雰囲気を演出。ここはベトナム戦争時代の北ベトナム軍の作戦基地をイメージしたカフェ。北部ハノイを中心に5店舗を展開する人気店で、南ベトナムだったダナンのお年寄りには不気味なイメージでも、戦争を知らない若者には人気を博しています。ホーローのカップや空き瓶を使ったグラスなど、当時を彷彿とさせるディスプレーも見事。作り込まれたトイレの内装も一見の価値ありです。メニューにはここでしか飲めないものもあるので要チェック。

1. 古いテーブルや裸電球、薬瓶を花瓶に使うなど、細かいところもお洒落に演出されている。2. 店内は深緑色と茶色がベース。東向きの窓は午前中明るい日差しが入って、温かい雰囲気。1階奥には作戦本部風の席もある。

DATA

住 96-98 Bach Dang, Hai Chau, Da Nang　電 0236-655 3644
休 無休　営 7:00〜23:30　予 不要　C 不可

Che Thai Na Na

チェー タイ ナナ

MAP / P169・B4

ベトナムスイーツ・チェーは、ぜんざい風だけではありません

ベトナムのスイーツと言えば、日本のぜんざいに似たチェーが有名。金時豆や小豆を煮たもの、トウモロコシを煮たもののほか、温かい黒ゴマのチェーはまるでお汁粉のよう。ほかにタイのロッチョンというスイーツにインスパイアされたタイ式のチェーも人気。甘すぎない味わいで、日本ではあまり食べることのないジャックフルーツも良いアクセントになっている。ドリアン（Sau rieng）が入っているので苦手な人はドリアン無し（Khong Sau）を選ぼう。ほかにも豆腐スイーツ（Tau Hu Sua 1万5,000VND）や、ベトナムプリン（Flan 1万2,000VND）なども定番の人気商品。

1.一番人気は店名にもなっているChè Tháiのドリアン入り2万5,000VND。ドリアンは臭いというイメージがあるかもしれないが、新鮮なドリアンはそれほど臭くない。2.少し奥まった場所にあるが、大きな黄色の看板が目印。店内には写真入りのメニューもあるので指差しでも注文できる。3.プリン（Flan 1万2,000VND）は一人前2個。これにクラッシュアイスとココナツミルクをかけて食べる。日本で流行りの濃厚プリンとは一線を画すあっさり味。

DATA

住 44 Nguyen Van Linh, Hai Chau, Da Nang　電 090-562 5512
休 無休　営 8:30〜23:00　予 不要　C 不可

Bep Hen

ベップ ヘン

MAP / P169・B3

“家に帰ればご飯がある”ベトナム版おふくろの味の店

普段、ベトナムの人はどんな料理を食べているの？ そう思ったらここ『Bep Hen』がお勧め。ベトナムの田舎の家をイメージした入り口、店内にはレトロな家具や家電も飾られている。まるで実家に帰ってきたようだとダナンの若者に人気のお店だ。メニューはベトナム語しかないが、お店の人は英語も話すので気軽に相談してみよう。組み合わせは、Rau（野菜）、Mon Man（味の濃い肉や魚）、Canh（スープ）というのが定番。いわゆる「一汁三菜」は日本と同じ。美味しいおかずでご飯を食べたら、最後の締めは、スープをかけてお茶漬けの様に食べるのがベトナムスタイル。

1. 写真左上から、Ca Kho To（魚の煮付け6万9,000VND）、Mong Toi Xao Toi（つるむらさきのにんにく炒め5万7,000VND）、Trung Luoc（ゆで卵のヌックマム漬け2万VND）、Canh ohua（苦瓜のスープ6万5,000VND）、Thit heo kho to（豚肉の煮付け7万5,000VND）。ゆで卵はつぶしてヌックマムと混ぜてタレとして使う。2. 1卓しかないテラス席に座れたらラッキー。3. 店名は“家に帰ればご飯がある”という意味。

DATA

住 47 Le Hong Phong, Hai Chau, Da Nang　電 093-533 7705
休 無休　営 10:00～14:30、17:00～21:00　予 不要　C 不可

Tiem Ca Phe Cau Ut

ティエム カフェ カウウック

MAP / P169・B3

若い人には昔懐かしい雰囲気のカフェが人気

昔の雑貨店や駄菓子店を模した造りの店には、連日、撮影目当ての若者が訪れている。私がベトナムに来た22年前はこんな店があちこちにあったが、今の若者も懐かしく感じるのだろうか？　店内には、古い家から移築した階段や戸棚、テーブルなどがあり、ノスタルジックな雰囲気を醸し出している。カフェ文化が根強いベトナム。昔は路上カフェ、次はおしゃれ系の映えるカフェ、そして今はこうしたノスタルジックカフェが人気だ。ちなみに店名は「一番下のおじさん」という意味。

1.冷蔵庫があまり普及していなかった時代は、ビールやジュースも常温で売られていた。学校帰りの子供たちは、小さいお菓子を買ってうれしそうに帰って行った。まるで日本の昭和30年代のよう。2.ノスタルジックカフェならこのレモンジュース（Tra Tac）、もしくはベトナムコーヒーがオススメ。3.店内の壁には昔のダナンの写真も飾られている。階段は急なので要注意だが、2階も趣があるのでお見逃しなく。

DATA

住 34 Le Hong Phong, Hai Chau, Da Nang　電 093-534 5121
休 無休　営 6:30〜23:00　予 不要　C 不可

Vietnam Topics.3
at Da Nang

ダナンな人々

Da Nang people

Com Hue22の(元)美人姉妹

ダナン中心部で40年以上続く大衆食堂『Com Hue 22』。私が23年前にダナンに住み始めた頃は、美人3姉妹が注目を集めていました。手前右側に座るお母さんの上品な顔立ちを受け継いだのだろう。3姉妹＋従姉妹の4人は全員結婚して子供もいる美人の働き者。一家で早朝から料理の準備を開始。お母さんの味を引き継いだ次女は、毎日30品目以上の料理を準備しています。時がたち美人姉妹には「元」がついてしまったが、料理は「元々」美味しいので、今でも人気です。(→P42_Com Hue 22)

INFINITY BAR

インフィニティ バー

MAP / P168・D3

ブルーモルキューレ（Blue Molecule）。涼しげな青色がダナンの海の美しさによく合う。

吹き抜ける海風に感じる、極上の南国リゾート気分

『プルマン ダナン ビーチ リゾート』のロビーにある開放感あふれるバー。大きなピクチャーウインドーからの景色を眺めてゆっくりグラスを傾けると、吹き抜ける風が心地よく頬をなで、リゾート感満点。刻々と変化する海の景色に時を忘れてしまいます。もちろん宿泊客でなくても利用は可能。エントランスを入った瞬間、飛び込んでくるこの景色に思わず吸い込まれることでしょう。左の写真はブルーモルキューレ（23万VND）。わさび豆と甘いビーフジャーキー、アーモンドはチャージ（2万VND）のスナック。税とサービス料が15%つくのを忘れずに。

黄金比率で作られた大きな窓枠が絵画の額縁のように見える。乾季は空と海の境が分からないくらい青い。

DATA

住 101 Vo Nguyen Giap, Ngu Hanh Son, Da Nang　電 0236-395 8888
休 無休　営 8:00～23:00　予 可　C 可

25.

vietnam
DA NANG

Sheraton Hotel Horizon Bar Four Points

MAP / P168・D2

シェラトン ホテル ホライズン バー フォー ポイント

ほぼ360度の絶景が楽しめるプールサイドバー

ロングプールと水の中に浮かぶボックスシート。ガラス張りの壁から望むダナンの夜景は一度観たら忘れられないだろう。騒がしい欧米系のバーが多くなってきているダナンで、このラグジュアリーで大人の雰囲気のバーは貴重な存在。ここのお薦めポイントはプールとバータイムの夜景だけではなく、世界各国のさまざまなビールを取り揃えていること。ビール党は飲み比べしたくなるはず。朝10時から営業しているので、東の窓から差し込む朝の日差しも心地よいし、西の窓から夕焼けとサンセットを見ながら、暮れゆくダナンの街の明かりを楽しむのもいい。

1.ジャグジーに入りながらダナンのロングビーチを一望できる。2.夜になると市街地の夜景が 広がる。3.世界のビールの他にベトナムのローカルクラフトビールも充実している。

ホテルの屋上とは思えないビッグサイズの本格的なプール。デッキチェアにお酒を持ち込み1日中楽しむこともできる。

DATA

住 118-120 Vo Nguyen Giap, Son Tra, Da Nang　電 0236-399 7979
休 無休　営 10:00〜翌1:00　予 不要　C 可

IRO Bar
イロ バー

MAP / P169・B1

営業は20時から。オープンすぐの早い時間は空いているのでゆっくりと楽しめる。

優しさと美味しいお酒が売りの日本人経営のBar

週末となれば在住日本人が集まるIRO Bar。スタッフは日本人のYukikoさんをはじめ女性のみ。このBarにあふれるのは「優しさ」と「居心地の良さ」。「もう一杯作りますか？」と、良いタイミングで声を掛けてくれるなど、さすが日本人経営と思わせる絶妙なもてなしがこの店にはある。それゆえ女性客も多い（男女の比率は半々くらい？）。ベトナム語も英語も話せなくてもYukikoさんがいるし、ベトナム人のホスピタリティーには、そもそも言葉は必要ない。テーブルチャージ不要で一杯10万VND≒500円からとリーズナブルなのもうれしい。

ビールにはタイのシンハーもある。最近、個人的に好きなのは、マンゴーの角切りが付く「完熟マンゴーサワー」や、ブラッディーマリーコンクを使った「スパイシートマトサワー」など、罪悪感を消してくれる一杯だ。

DATA

住 24 Nguyen Chi Thanh, Hai Chau, Da Nang　電 070-222 2232
休 月曜、火曜　営 20:00〜翌1:00　予 不要　C 可

Pheva Chocolatier

フェーヴァ ショコラティエ

MAP / P169・B3

ベトナムの特産物をトッピングに使う。その数は18種類。おすすめは、香り高いベトナム産黒胡椒トッピング。

ベトナムだから実現したハイクオリティーがさらに買いやすく

3歳からフランスで育ったベトナム人の女性オーナーは、久しぶりの里帰りで「ベトナムには美味しいチョコレートがない」と嘆いた。フランスのチョコレートが高いのは原料のほとんどが輸入だから。ベトナムにはバニラ以外のチョコレートの原料はすべてある。それなら関税を気にしないでリーズナブルで高級なチョコレートを作れるはずと、ベトナムの原料をフランスの技術で、とことんクオリティーにこだわったチョコレートを作って今やダナン土産の一番人気になった。コロナ禍で長く休業していて、現在は本店とハノイ店のみの営業だが、ダナンの名物が復活してくれてうれしい。この周りには土産物店が多いので立ち寄ってみてください。

12枚入り（8万8,000VND）、24枚入り（17万6,000VND）。好きなチョコレートを選んで詰めることもできる。

DATA

Pheva chocolatier（ダナン本店）

住 239 Tran Phu, Hai Chau, Da Nang　電 0236-356 6030
休 無休　営 8:00〜19:00　予 不要　C 可

Hoa Ly

ホア リー

MAP / P169・B3

日本人オーナーが選ぶ、安心のセレクトショップ

「みんなの欲しいものを手軽に」「ここにしかないものを選んでくる」という、オーナーのこだわりが感じられるセレクトショップ。以前の店から少し離れた場所に移転したが、相変わらずの人気だ。ダナンはもちろん、ベトナムをモチーフにしたTシャツは、他の店で売っているものより品質がいい。またダナンのビール「ラルー」のTシャツや栓抜きも見逃せない。2階にはホーローのお皿やボールなどもある。市場でも最近見かけなくなったので、ホーロー好きはぜひ押さえておきたい。

1. 白い入り口に水色のベスパ。これも可愛くて、オーナーのこだわりを感じる。2. 所狭しとグッズがあふれる。ここで買い物をするなら時間に余裕を。3. ホーローのお皿、穴あきザル、小さなテーブルほうきなど、市場で探してもなかなか見つからないものがそろっている。

DATA

住 252 Tran Phu, Hai Chau, Da Nang　電 0236-356 5068
休 無休　営 10:00〜19:00　予 不要　C 可

Table Produce

テーブル プロデュース

MAP / P168・D3

お土産にちょうどいい商品がそろう、食料雑貨店

在住外国人が一時帰国する際に、お土産を買う店として重宝されているTable Produce。オーガニック野菜農場のアンテナショップとして始まったが、徐々に商品のラインアップを増やしていった。実は私も日本のアイスクリームなどをここでよく買っている。最近はオーガニックやSDGｓ関連の商品を置くアンテナショップとしても進化。お土産には自家製の海老せんべいやイカせんべい、オーガニックのドライフルーツがおすすめ。大人気の「いもけんぴ」は、オーナーの農場と契約農場で作られた芋のみを使った自家製。お土産に迷ったら、いかが？

1.在住日本人にもベトナム人にも人気の「いもけんぴ」と、ドライフルーツがイチオシ。2.コーヒーやチョコレートも売れ筋の商品。3.スタッフは日本語も堪能。お薦めのお土産を聞いてみるのもいいですよ。

DATA

住 01 An Thuong 32, Ngu Hanh Son, Son Tra, Da Nang
電 0236-356 5068　休 水曜　営 10:00〜19:00　予 不要　C 可

Di Lusso Boutique Hotel

ディールッソ ブティックホテル

MAP / P169・B1 H

小さなホテルだが、一歩足を踏み入れるとゴスロリ感とおしゃれ感が満載。

カフェ使いもできるゴスロリホテル

日本のアニメやコスプレ文化はベトナムでも大人気。このホテルのカフェやリバービュースイートの部屋（1室2名270万VND 約15,000円）などはゴスロリ感が満載。ここでコスプレをして写真撮影はどうだろうか？新たな海外旅行の楽しみ方としてお薦めしたい。目の前は観光船発着所もあるダナンポートなので、夜景をバックに美しい写真が撮影できる。ほかにもハン橋、バクダン（Bach Dang）通りの遊歩道など、映えスポットはたくさんある。またハン市場に近い立地で、食事、散歩、買い物にも便利だ。ただし交通量が多いので、自動車には気を付けて。

1. デラックスダブルルームはシンプルな作り。1室2名で125万VND。アメニティー類も一通りそろっている。2. カフェやロビーなどはゴスロリ感満載のしつらえ。そのまま撮影ポイントになりそうな場所がたくさんある。3. ベランダからダナンのシンボル、ハン川を望む。目の前が観光船の発着所になっている。

DATA

住 14 Bach Dang, Hai Chau, Da Nang　電 0236-361 5555　休 無休　予 必要　C 可

Novotel Danang Premier Han River

MAP / P169・B1 | H

ノボテル ダナン プレミアム ハン リバー

ダナンは海辺のリゾートだけじゃない。行動派にお薦めはこちら

ハン川沿いにあるラグジュアリーシティーホテル『ノボテル ダナン プレミアム ハン リバー』。そのコンセプトは「Connect（繋ぐ）」。少し気楽なスーペリアルームから、広いベランダを持つスイートルームなど、さまざまなカテゴリーが用意されている。29階にあるエグゼクティブラウンジは、エグゼクティブクラス以上の宿泊客は無料で使え、朝食はもちろんアフタヌーンティーやカクテルタイムも無料で楽しむ事ができる。サウナやジャグジーを併設しているスパも評価が高い。

1. 広々とした窓とバルコニーを持つスイートルーム。心地よい目覚めはもちろん、夜景も存分に楽しめる。2. フロントは広々としたロビーの一角にある。 3. スーペリアルームも使いやすい設計。「繋ぐ」のコンセプトで、コンセントは各国仕様、モニターはさまざまな端子に対応している。4. エグゼクティブラウンジにはコンシェルジュも常駐。

DATA

住 36 Bach Dang, Hai Chau, Da Nang　電 0236-392 9999　休 無休　予 可　C 可

Walk around Da Nang

ダナンで、まちあるき

ダナンはハン川沿いとその周辺に店舗が密集している。
通りや区画ごとに同業店が密集しているのも面白い。
大型スーパー、市場での買い物、クルーズ、
ひと足延ばして郊外の観光名所もご案内

Walk around Da Nang 1

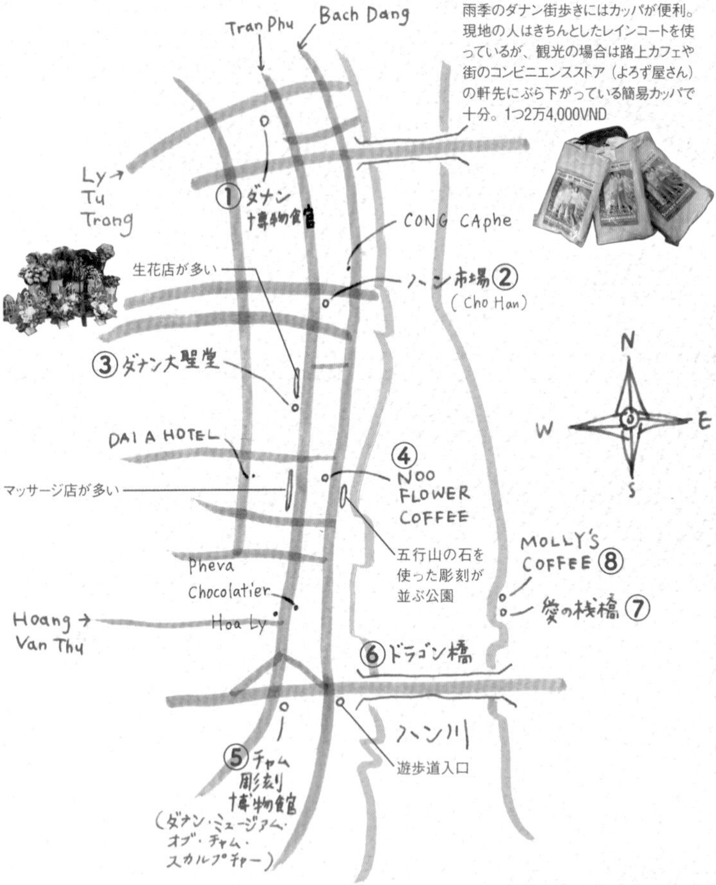

雨季のダナン街歩きにはカッパが便利。現地の人はきちんとしたレインコートを使っているが、観光の場合は路上カフェや街のコンビニエンスストア（よろず屋さん）の軒先にぶら下がっている簡易カッパで十分。1つ2万4,000VND

①

ダナン博物館

ダナンの歴史を時代別に展示する博物館。入口では阮朝（グエン朝）時代に活躍したグエン・チー・フン将軍の像が出迎えてくれる。B.C.2500年ごろから近現代まで、海との関わりが深かったダナンの人々の生活の移り変わりをはじめ、少数民族の暮らしぶりなどの展示がとても興味深い。

営 7:30〜16:30　休 無休　¥ 入館料2万VND

②
ハン市場
（Cho Han）

食品類がメインの市場。このハン市場とダナン最大のコン市場（P76）を結ぶ「フンヴォン通り」が昔のメインストリートだった。営 6:00〜18:00

③
ダナン大聖堂

ピンクの外観が目をひくカトリック教会。教会の奥の聖母マリア像のある洞は木々に囲まれて美しい。礼拝中は教会の中にも入れる。
営 6:00 〜 17:00、日曜11:30〜13:30

④
NOO FLOWER COFFEE

ここのベトナムコーヒーの名前は「スア サイゴン」（2万6,000VND）。もちろん氷入りのベトナムコーヒー「カフェ スア ダ」でも通じる。営 7:30〜22:30 休 不定休

⑤
チャム彫刻博物館

チャム族（少数民族の共同国家）が築いたチャンパ王国。その遺跡から発掘された像やレリーフなどを見ることができる。
営 7:00〜17:00 休 無休 ¥ 6万VND

⑥
ドラゴン橋

ダナンの街のランドマークとして親しまれているドラゴン橋。橋周辺はメイン道路のため交通量は多いが、西側の橋の下が遊歩道になっていて、安心して渡ることができる。

⑦
愛の桟橋

ハート型のモチーフが青空に映えて鮮やか。結婚するカップルたちの前撮りも多い。売り場には愛を誓う南京錠があるが、景観上の問題もあるので、観光客は遠慮しておこう。

⑧
MOLLY'S COFFEE

愛の桟橋のそばにある日本人経営のカフェ。テラス席は絶好のビューポイント。対岸の景色も美しく、夜は特ににぎわっている。営 10:00〜22:00 休 不定休

Walk around Da Nang 2

BIG Cやコン市場で買い物を楽しもう

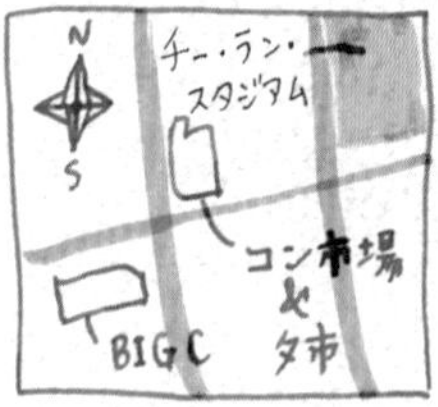

BIG C

ダナン市内中心部にある、タイとベトナムに展開する巨大スーパー。万引防止のため、荷物は預けるシステム。買い物時は貴重品だけをコンパクトにまとめて行こう。営 8:00〜22:00 休 無休（テト期間は休業あり）C 可

洗練されたパッケージのソフトココナツキャンディー（4万5,000VND）。包みのキレイなお土産人気No.1。

きな粉クッキー（2万8,100VND）。口の中でほろりと崩れて、きな粉の甘さが口のなかに広がる。

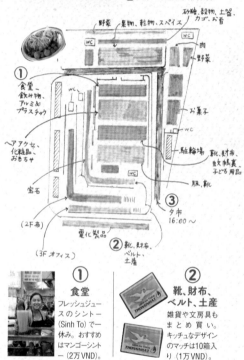

コン市場

ダナン最大の市場。広大な敷地のなかに小さな店舗が隙間なく入居し、所狭しと商品が並んでいる。他の市場と同様、商品ごとに場所が分かれているので、場所を把握すれば散策しやすい。営 5:00〜18:00、夕市16:00〜

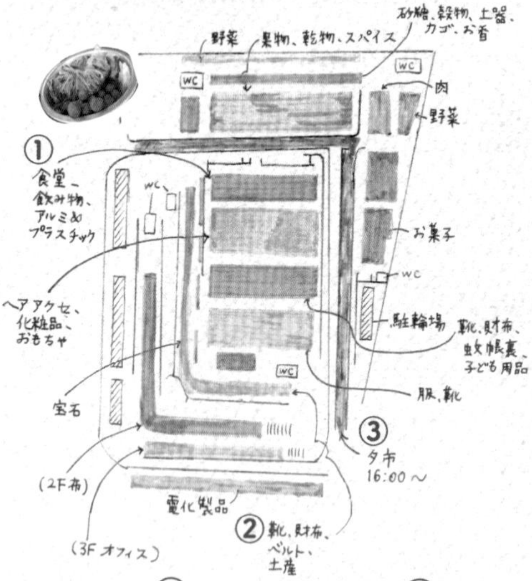

① 食堂

フレッシュジュースのシントー（Sinh To）で一休み。おすすめはマンゴーシントー（2万VND）。

② 靴、財布、ベルト、土産

雑貨や文房具もまとめ買い。キッチュなデザインのマッチは10箱入り（1万VND）。

③ 夕市

左／ベトナムスイーツの代表格チェー（1万VND）。右／彩り豊かな豆など、食材も豊富。

Walk around Da Nang 3

ひと足のばして
ソンチャ半島

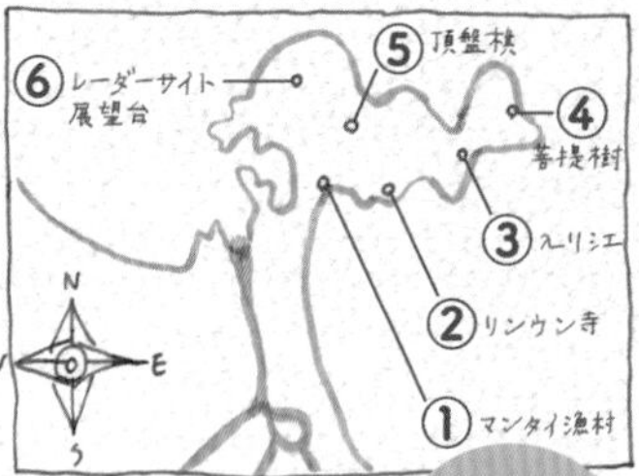

ダナン市内から車で 20 分ほどでたどり着くソンチャ半島。
ダナンの人々の気軽なレジャースポットとして親しまれている。
半島をぐるりと巡れば、海と山、自然豊かなネイチャートリップが楽しめる。

アクセス
ホテルで車をチャーターして。周遊の所要時間は2～3時間ほど。

① マンタイ漁村

水揚げされたバイ貝やノコギリガザミ（ワタリガニ）などの魚介を漁師の奥さんたちが販売している（時価）。南洋イセエビやタコなども並んでいるときがある。

② リンウン寺

ダナンを台風などの海難から守る67mの巨大なリンウン観音が象徴的なリンウン寺。境内には五行山の職人が彫った十八羅漢像が並ぶ。拝観無料。

③ 入り江

道路から半島の入り江が見える。この辺りは道が広く車を停める場所もあり、写真を撮る人も多い。夏は空と海の青が繋がっているようにも見えて美しい。

④ 菩提樹

とても珍しい樹齢約800年の菩提樹。高さ22m、横幅85mを誇り、林のように見えるが、実は1本の幹から枝が横に伸び、そこからさらに根を生やしている。

⑤ 頂盤棋

その昔、将棋の対局中に天女に気を取られた名人が負け、勝った相手は天女と天空へ消えたという伝説が残る。棋盤を前に今でも最後の一手に悩む像がある。

⑥ レーダーサイト展望台

かつて米軍のレーダーサイトだった施設は、ベトナム軍に接収されて今も現役だが、立ち入り禁止。手前の展望台はかつてのヘリポート。

Walk around Da Nang 4

ひと足のばして
五行山

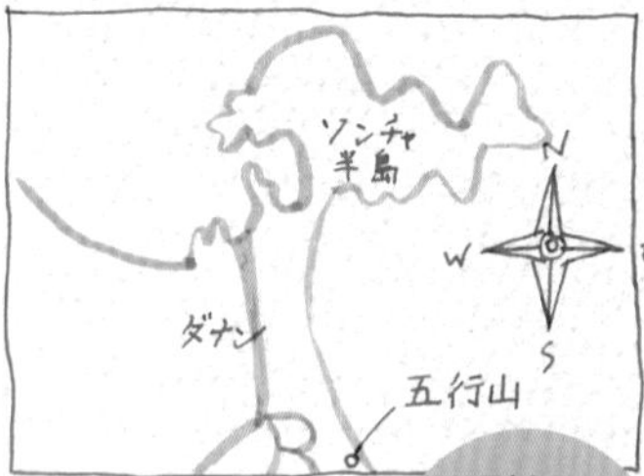

ダナン随一の観光スポット「五行山」。5つの山の連なりがその名の由来である、大理石でできていることから「マーブルマウンテン」とも呼ばれている。観光のメインは見どころが多いトゥイーソン（水山）。

アクセス
ダナンからタクシーで約15分。
営 7:00～17:30
¥ 10万VND

トゥイーソンへ登るには徒歩かエレベーターのどちらかで。徒歩は軽トレッキングといっても過言ではないため、エレベーターがおすすめ。片道1万5,000VND。エレベーターのすぐ横にあるアンフー洞窟は、別途入場料として2万VNDかかる。

基本的には建造物を外から見て回る。

立派な寺院も点在。装飾も美しい。写真はリンウン寺（Chua Linh Ung）。

敷地内のいたる所に大理石で作られた仏像がある。

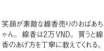

笑顔が素敵な線香売りのおばあちゃん。線香は2万VND。買うと線香のあげ方を丁寧に教えてくれる。

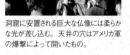

洞窟に安置される巨大な仏像には柔らかな光が差し込む。天井の穴はアメリカ軍の爆撃によって開いたもの。

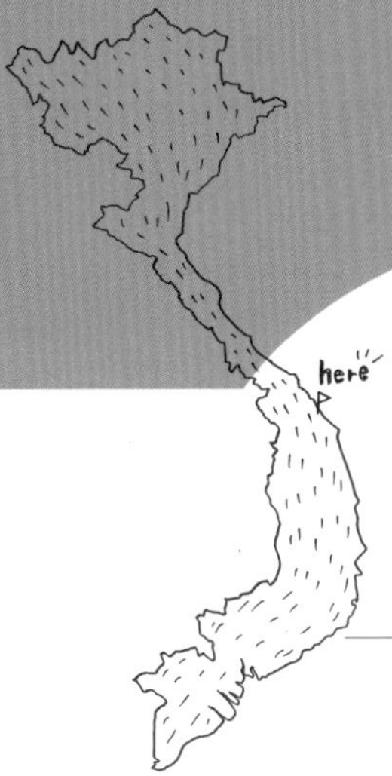

vietnam

HOI AN

ホイアン

1999 年にユネスコの世界文化遺産に登録された古都ホイアン。
200 年前の街がそのまま残り、
一度来たらまた来たくなる情緒ある街並みが魅力

Hoi An Cuisine

ホイアン キュイジーヌ

MAP / P171・C3

かつての屋台を再現した店内で料理を提供してくれる。目の前で作ってくれるのでそれも楽しみながら食べよう。

築200年近い旧家屋で食べるホイアン伝統の味

ホイアン（Hoi An）のあるクアンナム（Quang Nam）省の名物といえば「ミークアン（Mi Quang）」。クアンナム省の各地の特徴が麺や具材に反映され、ホイアン近辺では、やや厚めのもっちりとした麺にGà（鶏）、Cá Lóc（雷魚）、Loun（田ウナギ）などの地場産の具を入れて食べるのがポピュラー。ここでは世界遺産の旧家屋で、ホイアンの伝統的なミークアンを提供している。たくさんのハーブ類と麺をよく混ぜ、ライスペーパーのせんべいを割り入れて食べる。唐辛子をかじりながら食べる人もいるが、ホイアンの唐辛子は辛いので注意してほしい。

1

2

3

4

5

1. 左手前はLoun（田ウナギ）、右奥はGà（鶏）のミークアン。チャイン（chanh）と紫玉ねぎの酢漬けを加えて、さっぱり食べるのもいい。2. 伝統的なベトナムの衣装アオバーバー（Ao BaBa）を着てサービスをしてくれる。3. 築200年近い旧家屋をリフォーム。ベトナム人好みのシンプルな内装や構造もぜひ見てほしい。4. 2階には「ベランダ」と呼ばれている窓がある。手すりなどはないので気を付けて。5. ホイアン旧家屋は、真ん中の入口の両側に大きく開いた窓がある。かつての典型的な店舗で、両側の窓に商品を並べて販売していたという。

DATA

住 73 Tran Phu, Hoi An, Quang Nam　電 091-686 6041
休 無休　営 6:00〜21:30　予 不要　C 不可

33.

vietnam

HOI AN

Cobb Restaurant

コブ レストラン

MAP / P170・E2

トゥボン川を望む立地。風が気持ち良い場所で食事を

目の前にトゥボン（Thu Bon）川が流れる、のどかな場所にあるレストラン。エントランスのオープンエアやシンプルでおしゃれな空間が好評で、週末は在住日本人や外国人も集まる店。夕方からは向かいの歩道にテーブルを出し、夕涼みをしながら暮れ行くホイアンの街とトゥボン川を眺めながら食事もできる。人気は水牛の料理。血抜き処理されて臭みも無く、軟らかい肉質が人気で、メイン料理も15万VND前後と手ごろ。また毎日仕入れるホイアンの新鮮なシーフードもあり「今日の特別入荷の魚介はいかがですか？」などと声を掛けられたらラッキーだ。

旧市街から少し外れた場所なので人通りや車も少なくのんびりできる。サイクリングコースにもおすすめだ。

夕方には川沿いの歩道にテーブルを出してくれる。天気の良い日、ここからの夕日の眺めは素晴らしい。

DATA

住 82 Nguyen Du, Hoi An, Quang Nam　電 096-844 8440　休 無休
営 16:00〜22:00、土日のみ11:00〜14:00も営業　予 不要　C 不可

Thanh Phuong Restaurant

タイン フォーン レストラン

MAP / P170・A4

2階テラス席は6席程度なので満月祭りの夜は必ず予約を。1階にも眺めの良い席があるが席数が少ないので要予約。

満月祭りに旧市街を眺めるなら、対岸にあるこの店へ

旧市街の対岸、グエンフックチュー（Nguyen Phuc Chu）通りは今でこそきれいですが、かつては漁村のような佇まいでした。その頃から地元で人気だったホイアンのレストランがここ。ピザなどもあるけれど、この店ではやはりベトナム料理、特にホイアンスペシャルと呼ばれている伝統料理を。お母さんが伝える昔ながらの味はどれも美味しくて間違いありません。ホイアンは満月祭りを目当てに訪れる観光客も多いですが、対岸のほぼ中央にあるこの店の2階テラス席は絶好のビュースポット。キャンドルの灯りの下でホイアン料理を食べながら旧市街を眺められます。

1. 海老のすり身をさとうきびに巻きつけたCha Tom（15万5,000VND）。さとうきびの甘味で海老の味がひきたつ。2. Hoanh Thanh Chienはホイアン3大名物のひとつ、揚げワンタン（8万VND）のこと。お店によってのっている具材が異なる。海老入りの具材は元漁師町ならでは。3. 眺めの良い2階テラス席やエントランス席は、すぐ埋まってしまう。

DATA

住 29 Nguyen Phuc Chu, Hoi An, Quang Nam　電 0235-391 0877
休 無休　営 8:00〜23:00　予 可　C 不可

Vietnam

Topics.4 at Hoi An

幻想的な満月祭りとナイトマーケット

満月祭りは、照明を消して満月の光を楽しむ幻想的なお祭り。
ナイトマーケットは毎晩行われるので行ってみよう

200年前の建物が残る世界遺産の街ホイアン。毎月旧暦の14日の夜には満月祭りが行われる。14日の夜は家の前に祭壇を出しお祈りをする日で、その祈る姿と祭壇のろうそくの明かりが幻想的だと外国人観光客に人気になり、現在ではホイアン市が満月祭りの日とした。普段の夜でも日が落ちるころからホイアンの名物ランタンがともり幻想的な町に。旧市街の対岸が絶景ポイント。夕日に照らされた黄色い町並みが美しい時間です。ランタンがともる景色を堪能したら、グエンホアン(Nguyen Hoang)通りのナイトマーケットの探索をぜひ。

Lantern

かつてランタンは中華系のお寺に飾られるだけだったが、観光客がその美しさに魅せられて名物に。

Night Market

ナイトマーケットには同じような商品が並ぶので、何軒か回って価格をチェックするのが賢い。

Toronagashi

手作りの灯篭を売る人もちらほら。1個1万VNDくらいから。長い棒を使って川に流そう。

満月祭り
Full Moon Festival

住 ホイアン旧市街
※満月になる旧暦の14日に開催
※開催日は要事前確認

ホイアン ナイトマーケット
Hoi An Night Market
▶MAP/P170・A4

住 グエンホアン通り
電 なし 休 無休(毎日開催)
営 18:00～23:00

ランタンがともる時間になると「千と千尋の神隠し」かと思うような世界が広がる。

Baby Mustard Cai Con

ベビーマスタード カイコン

MAP / P170・F1

自家栽培のオーガニック野菜とホイアン家庭料理

店舗の隣に自家栽培のオーガニック野菜の畑があり、注文が入ると店の人が食材を取りに行く。料理が出てくるまで少し時間がかかるが、その間、農園を眺めながらホイアン家庭料理を待つ。この辺りはチャークエ（Tra Que）村と呼ばれるオーガニック農園の集まるエリアで、ホイアンのホテルを含む高級レストランでもこのTra Queの野菜が使われている。ホイアンの川で取った海老、自宅で育てた豚、庭で育てたバジルをワケギで巻いたタムフー（Tam huu）や、新鮮な海老味噌のコクとレモングラスのさわやかな香りが漂うSup tom huong saなどをぜひ味わって。

1

2

3

1. 田舎の家をイメージしたオープンエアーの店内。竹で組まれた建物とテーブルの間を風が抜けて行く。2. オーガニック農園では季節の野菜が大切に育てられている。3. 写真手前のタムフーはおもてなし料理。作るのに手間が掛かるので、レストランではあまり提供されない。写真左奥のSup tom huong sa は、スープの旨味が体に染みわたる。

入口に庭があり、奥には農園がある。そのまま田舎の家の雰囲気。

DATA

住 Tra Que, Duong Bien,Cam Ha, Hoi An, Quang Nam　電 090-564 0577
休 無休　営 11:00～21:00　予 不要　C 不可

Oriental Impression Ceramics Cafe & Restaurant

MAP / P170・B3

オリエンタル インプレッション セラミックス カフェ＆レストラン

中国製とベトナム製は裏を見ると分かるそう。写真はベトナム製で、年輪のような模様が特徴的。

5代にわたって収集したホイアン骨董を展示するカフェ

ホイアン旧市街の築200年ほどの家屋を利用した店内に、不思議な世界観が広がるカフェ。チャンパ時代の青銅を使ったリンガ型の容器やポット、中国やベトナムの骨董品の陶器のほか、海底から引き揚げたイメージの展示なども面白い。オーナーの話によると、5代前の先祖から徐々に集めてきた個人的なコレクションだそう。オーナーの骨董への知識もかなり深く、私も骨董好きなので、オーナーの骨董品への愛情を感じられて楽しい時間を過ごせた。飲み物などを注文すれば展示品の見学は自由なので、興味のある方はぜひゆっくりとご覧いただきたい。

1. 旧家屋を使っているため見落としやすいので気を付けて。 2. ホイアン近海から引き揚げられた骨董品。かつては中国や遠くヨーロッパにも輸出されていたそうだ。 3. カフェなので飲み物もある。このお店のオリジナルのドリンク15万VND。ふた付きのカップで出てくる。 4. 今は壁の模様になっているドア。かつてはこの建物の中で使われていたという。

DATA

住 102 Nguyen Thai Hoc, Hoi An, Quang Nam　電 097-106 5763
休 無休　営 8:00～23:00　予 不要　C 不可

Topics.5 at Hoi An

ホイアンで食べたい！ ここだけの ローカルごはん

ホイアンで絶対にはずせないローカル料理。
どの料理もホイアンの水でしか作れない
究極のご当地グルメなのだ。

White Rose

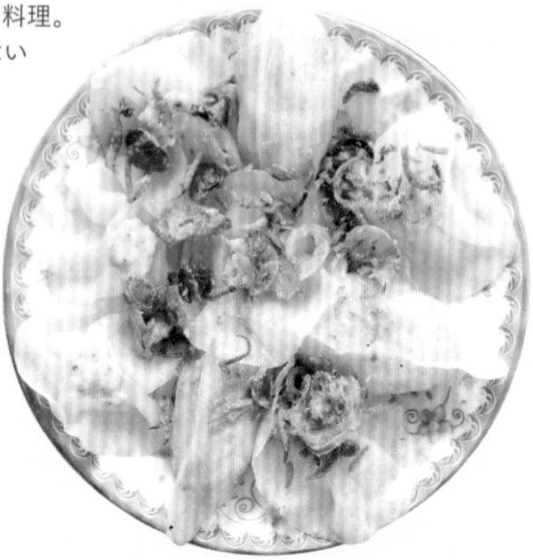

いろいろな所で食べられる 作っているのは3カ所のみ

プルプルっとした食感が癖になる。海老のすり身が真ん中に入るが、もやしなどが入る餃子型もある。5万VND。（→P96_Nha co Quang Thang）

Cao Lau

上下ひっくり返すくらい 良く混ぜるのが秘訣！

チャーシューのタレがベースの混ぜそば。麺の味と野菜のシャキシャキ感、揚げせんべいのパリパリ感の三位一体が楽しい。3万VND。（→ P98_Cao Lau Thanh）

Fried Wonton

パリパリが美味しいので 出てきたらすぐ食べる！

お店によってミートソースや酢豚のような味付けの店もあり、食べ比べても飽きない。8万VND。（→P84_Thanh Phuong Restaurant）

Hoanh Thanh Anh Dung

ホアイン タイン アイン ユン

MAP / P170・F1

まるで雲を呑むような、なめらかなワンタンは朝だけの楽しみ

ホイアン名物といえば揚げワンタンですが、ここは“ワンタン麺”が食べられる店。行くなら麺もワンタンの皮もできたてが食べられる朝がおすすめです。手作りにこだわる店主いわく「ワンタンは雲呑と書く。雲を呑むようになめらかでないとワンタンではない」のだそう。具材は海老のすり身と豚のひき肉を合わせたもの。夏は海老を多くして涼しく、冬は豚を多くして温かくと、季節によって配合を変えているのも店主のこだわり。長らく値上げをしていないのも「体に良い物は毎日食べるからこそ効果がある。体に良くても美味しくても、高くてたまにしか食べられないのでは意味がない」という店主のこだわりから。

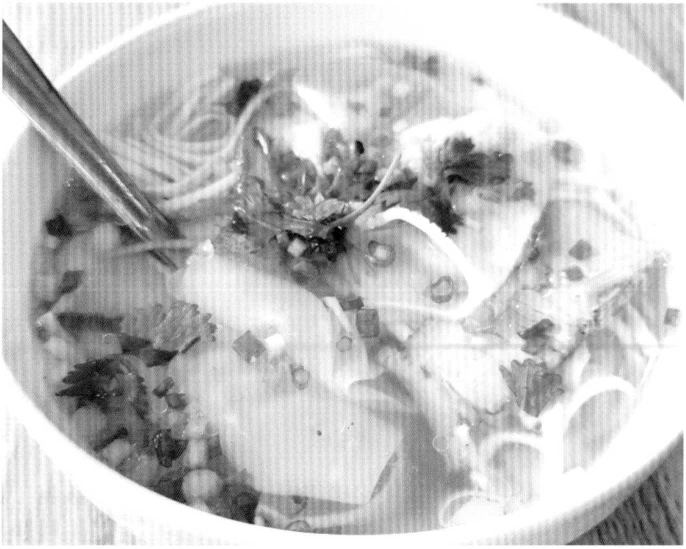

麺もワンタンもツルツルとした食感。香草をのせて供されるが、少し甘めの澄んだスープなので香草はないほうが好み。

DATA

住 14 Ba Trieu, Hoi An, Quang Nam　電 0235-3861 512
休 無休　営 7:00～11:30　予 不要　C 不可

CARY LIEN

カリー リエン

MAP / P170・G1

両端が尖っていて外側がカリカリなホイアンスタイルのバインミーが添えられる。ブンカレー（3万VND）。

メニューはブンカレーのみ。売り切れ御免の店

気をつけてほしいのは「朝だけ営業、売り切れ御免」の繁盛店であること。店がそれ程広くないこともあり、朝から常に満席。また持ち帰りのお客さんも多いので、早いときは売り切れて閉店してしまうことも。大量の牛骨と筋をじっくりと煮込んだカレー風味のスープは、朝の寝ぼけた体にじんわりと染み渡り、米麺のブンが優しく胃の中へ入っていく。カレーと言ってもほとんど辛さは無いので、辛いのが好きな人は青唐辛子や一味を入れるといい。ブンを食べて足りない人はテーブルに出されるバゲット、バインミーをスープに浸していただくのもいい。

1.この通りは朝ご飯街でもあり、午前中はたくさんの屋台が立ち並び、地元の人でにぎわう。2.大きな寸胴鍋の中身が売り切れたら閉店。屋台時代から切り盛りするおばちゃんの昔から変わらない笑顔。3.「Xin chao（おはよう）」と声を掛けて地元の人と相席しよう。

DATA

住 95 Tran Cao Vanの路地の奥, Hoi An, Quang Nam　電 090-559 6270
休 旧暦1日、15日（満月、新月に休むことがある）　営 6:00～8:00　予 不要　C 不可

Nha co Quang Thang

ニャー コー クアン タン

MAP / P171・C3

ホワイトローズより美味しいホワイトローズ？　そりゃそうだよ

ホイアン名物ホワイトローズは同名の店が発祥で、多くのレストランはそこから仕入れて提供しています。しかし実は入場券の必要な古民家、クアンタンの家の展示エリアの奥でもホワイトローズが作られ、その場で食べられるのです。モチモチ、ツルツル感が一般の店と比べて段違いなうえ、発祥の本家より美味しい！　女将さんにその感想を伝えると「当たり前だよ。私はあの店の長女で、跡継ぎの弟に作り方を教えたのは私なんだよ」とキッパリ！　入場券が必要だが、ぜひ一度食べてみてほしい。ただし、通常は卸売りのため、不定期で休業するので要注意。

1. 美しく開く白いバラのようだと西洋人が名付けたホワイトローズ（5万VND）。ホイアンの水がないと作れない。中心には海老のすり身が入っている。2. 作っているところも見学することができる。なかなか難しく熟練の技が必要。

左が女将さん。この笑顔にホワイトローズへの自信が感じられる。右は女将さんの跡を継ぐ予定のお嫁さん。

DATA

住 77 Tran Phu, Hoi An, Quang Nam　電 なし　休 不定休　営 10:00〜17:00　予 不可　C 不可

40.

vietnam
HOI AN

Cao Lau Thanh

カオラウ タン

MAP / P170・G1

カオラウはじっくり煮込まれたチャーシューのタレがベース。

観光客に合わせない、地元で愛される昔ながらの味

ホイアン名物のカオラウ。麺は、特定の井戸の水を使って作るため、このエリアだけでしか食べられません。日本の混ぜそばのようにタレが下にあるので、上下をひっくり返すように良くかき混ぜて、歯応えのある太い麺にタレを絡めるのがポイント。具材はシャキシャキとした食感のゆでもやしと、ドクダミの葉などクセのあるハーブ類も入っています。外国人には食べにくいからと最近はレタスやモヤシだけの店も多くなりましたが、この店は毎日地元の人でにぎわい、昔ながらの味わい。やはり郷土の名物料理は昔からの味を守ってほしいものです。

1.地元食堂街の中央に位置する有名店。外観に臆することなく伝統の味にチャレンジして。2.メニューはカオラウ（3万VND）のみ。青唐辛子を一切れ入れて少しピリ辛にするのもおすすめ。昼過ぎに不定期に休憩する事もある。

DATA

住 26 Thai Phien, Hoi An, Quang Nam　電 0235-2211 909
休 無休　営 7:00〜19:00　予 不可　C 不可

Pho Lien

フォー リエン

MAP / P171・C2

日本では乾麺のフォーが主流なので、馴染みがあると感じるかもしれない。

ベトナム全土にあるフォー。でもホイアンのフォーは違うんです

旧市街にある牛肉入りフォー（Pho）の店。あっさりとした少し甘めのスープが特徴だ。付け合わせの野菜や酢漬けの青いパパイヤのスライス、そしてテーブルにある謎のオレンジ色の調味料を入れるのがホイアン流。フォーの麺は蒸した生麺が主流ですが、ホイアンでは、乾麺のフォーを使うので麺にコシがあります。なぜ乾麺なのか？ と店の人に聞いても、乾麺作り60年のおばあちゃんに尋ねても「さぁ、産まれた時からそうだったよ」という答え。謎は解明されていませんが、60年以上前から伝わる乾麺である事は間違いないようです。

この店のメインは牛肉フォー（Pho Hoi An 3万VND）。言葉が分からなくても、欲しい数を指で示せば黙っててできます。

DATA

住 4 La Hoi, Hoi An, Quang Nam　電 090-654 3011　休 無休　営 6:00〜19:00　予 不要　C 不可

Com Ga BA BUOI

コムガー バー ブオイ

MAP / P171・D2

ホイアン式鶏ご飯の基本形で超人気店。まずはここで食べてみて

コムガー（Com Ga）と呼ばれる鶏ご飯には鶏を蒸したもの、丸焼き、揚げたものとさまざまなスタイルがあるが、ホイアンのコムガーは鶏のゆで汁で炊き上げられたご飯に、細かく裂いた蒸し鶏肉とオニオンスライス、タデなどの薬味、それにパパイヤとニンジンのなますのような漬物とタレをよく混ぜて食べる、まるでご飯サラダのような料理。豆板醤を足すとより食欲が増す。開店と同時に店内はお客さんでいっぱいになるほどの人気店。特にこのエリアは、たくさんのコムガーの店が集まっている。ここで人気の基本形を押さえて、食べ比べしてみるのも楽しい。

ひと皿3万5,000VND。一人前はそれほど大きくなく、ご飯もパラパラなので軽く食べられる。

1. 鮮やかな緑色の壁とドアが目印。混む時間帯には外で待っている人もいる。2. 次から次へと来るお客さんのために黙々とコムガーを作る。話しかけたら怒られるレベル。持ち帰りの弁当も作ってくれるので満席だったらテイクアウトもおすすめ。

DATA

住 22 Phan Chu Trinh, Hoi An, Quang Nam　電 0235-3861 151
休 無休　営 11:00〜15:00、16:30〜21:00　予 不要　C 不可

Bale Well

バーレー ウェル

MAP / P171・C1

デザートが付いたセットが12万VND。漬物と野菜はお替わり自由。写真は一人前。

黙って座れば笑顔で出てくる、豚串焼き肉のセットメニュー

地元の人や、国内外の観光客で常にいっぱいの人気店。メインは豚串焼き肉と豚の焼きつくね、海老入り揚げ春巻きとベトナムお好み焼きのバインセオ。それにどっさりの野菜とライスペーパーが出てくる。どのメニューもライスペーパーに野菜をのせてそれに包んで食べる手巻きスタイル。甘辛ダレが出てくるので好みで豆板醤を少し入れて食べるとやみつきに。リピーターが多いのも納得できる。食べ方が分からなくてもお店の人がもれなくニコニコと教えてくれるので安心して。あまりの人気でお店がどんどん拡張して、今では以前の4倍くらいの広さになった。

1.満席でも諦めないで。この左手に広いガーデン席がある。2.いったい一日何本の豚串やつくねを作るのかと尋ねると「数えたこともないよ」と。忙しくてそれどころじゃないのだろう。3.この路地のひとつ先にホワイトローズやカオラウを生み出す水が出るバーレー井戸がある。住所はTran Hung Daoだが、Phan Chu Trinh通り側から行くほうが近い。

DATA

住 45/51 Tran Hung Dao, Hoi An, Quang Nam　電 0235-3864 443
休 無休　営 10:00～22:00　予 不要　C 不可

44.

vietnam
HOI AN

Reaching Out Tea House

リーチング アウト ティー ハウス

MAP / P170・B3

静寂に身を委ねて、オーガニックティーが楽しめるカフェ

コンセプトは「静かなことこそ美しい」。店内のBGMも従業員同士の話し声もありません。観光客でにぎわう旧市街の喧騒を逃れた静寂の中で、厳選されたオーガニックティーや手作りクッキーをゆっくり、のんびりと楽しむことができます。実は、従業員のほとんどが聴覚障害を持つ人たちなので言葉は不要、心で対応してくれます。オーダーは伝票に印をつけて、用事があるときはテーブルの上のプレートを掲げればOK。ベトナムは誰もが元気でエネルギッシュなところが好きですが、たまにはこんな場所でちょっと一休みしてみるのもいいものです。

1.緑に囲まれた中庭席。天気が良かったらぜひここで風を感じながらお茶の時間を楽しもう。2.記入式の伝票とサインプレート。必要なものがあれば提示すれば良い。会計はBILLのプレートで。3.このカフェはNguyen Thai Hoc通りにある『リーチング アウト アート&クラフト』（P124）の系列店。ここで使われている食器は系列店で買うこともできる。

TastingTea（3種のお茶飲み比べセット13万5,000VND）。ベトナムのオーガニック緑茶ほか全4種類から選べる。

DATA

住 131 Tran Phu, Hoi An, Quang Nam　電 0235-3910 168
休 無休　営 8:00〜20:00　予 不要　C 可

45.

vietnam
HOI AN

COCO BOX

ココボックス

MAP / P171-C3

ジュースにするフルーツや野菜はオーガニックの厳選されたもの。

体にも優しい、オーガニックジュースの店

厳選したオーガニック素材を使って独自のブレンドのフレッシュジュースを出す店。8年ほど前にオープンした。元々、ベトナムにはシントー（Sinh To）と呼ばれるフレッシュジュースがあるのだが、砂糖やコンデンスミルクの添加で体に悪いと思ったオーナーが始めた店だけあり、すっきりとした天然の甘味や後味はまたたく間にお客さんの心をつかんだ。オープンキッチンでジュースを作っているところが見られるのも、店の自信の証しだ。店内にはオーナー自らベトナム全土に足を運んで選んだオーガニックジャムなどのセレクトグッズも置いてあり、お土産としても人気がある。

1

2

3

1.Sip the Magic Dragon 7万9,000VND。ドラゴンフルーツとイチゴ、ヨーグルトにバナナ、チアシードをミックスしたもの。2.開放的な雰囲気の店からは、ホイアンの町並みが眺められる。3.マグカップなどのグッズやベトナム産の食品も販売している。お土産にも喜ばれそう。

DATA

住 94Le Loi, Hoi An, Quang Nam　電 0235-3866 200　休 無休　営 7:00〜22:00　予 不要　C 可

HOI AN ROASTERY

ホイアン ロースタリー

MAP / P170・B3

栽培からカップまで、一元管理のオーガニックコーヒー

「普通の豆はストリップと言ってまとめて枝から採りますが、それでは未熟な豆も混ざるからダメです」とコーヒー豆について熱く語るオーナー。契約農家がオーガニックで栽培した豆を、一粒ずつ手摘みで集めたものを使用している。コーヒーチェリーの果肉の部分はまた木の根元に埋められ肥料となる。送られてきた生豆をその日使う分だけ自家焙煎し、エスプレッソで提供してくれる。エスプレッソを出す店はいくらでもあるが、ここは器具の手入れも徹底している。エグミのないすっきりとしたコーヒーは、まさに栽培からカップまで一元管理のたまもの。

1.エスプレッソシングル（4万VND）。私がベトナムのエスプレッソで美味しいと思ったのはここだけ。2.コーヒーを楽しみながら思い思いに過ごす人が見受けられる。3.ソファー席もあり、ゆっくりとくつろげる。

もともと濃いめのコーヒーが好まれていたが、この店の登場以降、ホイアンにはエスプレッソコーヒーブームが訪れた。

DATA

住 135 Tran Phu, Hoi An, Quang Nam　電 0235-3927 772
休 無休　営 7:00〜22:00　予 不要　C 可

The Cargo Club

ザ カーゴ クラブ

MAP / P170・B3

ホイアン様式の長い店内。入口がTran Phu通りにあり、裏口は川沿いのBach Dang通りまで出ることができる。

ホイアンの本格スイーツは、このカフェから始まった

　オープンから22年が過ぎ、今や老舗の『The Cargo Club』は、西洋料理とスイーツが人気のカフェ。当初、アメリカ人パティシエを招いて本格的なケーキやタルト、パンや自家製アイスクリームに取り組んだ草分け的存在。今でもここのケーキやサンドイッチの人気は衰えることを知らない。系列店にベトナム料理をメインで扱う『モーニンググローリー』や、ストリートフードがメインの『ザ・マーケット』などもある。クッキングクラスも人気で、オーナーのMs.Vyが写真をふんだんに使ったレシピ本も出版している。夜景の美しい2階テラス席は必ず予約しよう。

1

2

1. 入口すぐにショーケースがあり持ち帰りもできる。 2. 写真奥はティラミスのようなレッドベルベットケーキ（6万5,000VND）。軽い舌触り。手前はマンゴータルト（5万5,000VND）。完熟マンゴー使用でマンゴー好きにはたまらない美味しさ。

DATA

住 107-109 Nguyen Thai Hoc, Hoi An, Quang Nam　電 0235-3911 227
休 無休　営 8:00〜23:00　予 不要　C 可

シクロに乗るならホイアンで

自転車の前に椅子がついているユニークな形の人力車シクロ。ベトナム各地で見られるが、ホイアンはシクロで巡るべし！ その理由は…。

ガイドブックには「乗ってはいけない」と記載されているシクロ。でもホイアンはきちんと交渉すれば大丈夫。料金は30分20万VNDが相場。かつてホイアンはシクロに乗った時の目線で店の商品が飾られていたといわれ、軒先が低いため、シクロに乗ると当時の臨場感が味わえます。Phan Chau TrinhとNguyen Hueの交差点にあるチケットセンターから出発して福建會館、貿易陶磁博物館、タンキーさんの家、日本橋からホイアン市場までで1周約1時間半。観光中は待っていてくれます。その分も時間料金には含まれるのでご注意を。

「30phút 200,000VND OK?」（30分20万VNDでいい?）これをシクロのドライバーに見せれば、きっとOKしてくれるでしょう。（2022年8月現在）

シクロ（Cyclo）乗り場
▶MAP / P171・D2

住 Phan Chu TrinhとNguyen Hue交差点にあるチケットセンター前
電 なし　休 無休　営 7:00〜17:00
予 不要　C 不可

Hoi An Coffee Hub

ホイアン コーヒーハブ

MAP / P171・D3

え？　この細道入っていくの？　え？　ここにカフェあるの??

そうなんです。私でも最初は引きました。「ほかにもカフェはいくらでもあるじゃない」と思いつつ入ってみると、そこには、おやじさんと娘さん（？）の優しい笑顔。「来るものは拒まず、困っている人は助ける」魂のホイアン人の柔和な笑顔がありました。自然の風も通る中庭的な場所は、外の音も聞こえないのでゆったりできます。しかもミルクコーヒー（Cafe Sua Da 2万VND）など、良心的な価格設定。これは知る人ぞ知る穴場カフェですよ。路地の奥なので川も町も見えませんが、「同じような景色は満腹」という方、心身ともにくつろぎたい方にお薦め。

1. おじさんがコーヒーを飲みながら話をしていたり、子供が遊んでいたりと、どことなく生活感のある、まさにホイアンの裏路地。2. 小さな手作り感のある看板しか出ていないので見落とさないように。3. お店はホイアン手工芸センターの横にある細い路地にある。ここに踏み込むには、ちょっと勇気がいるかもしれない。

DATA

住 Hem 11 Nguyen Thai Hoc, Hoi An, Quang Nam　電 091-378 6626
休 無休　営 7:30〜20:00　予 不要　C 不可

Mot Hoi An

モッ ホイアン

MAP / P170・B3

お洒落可愛いNuoc Thao Moc 1万2,000VND。甘すぎないので日本人にも人気だ。

レトロな街で近年大人気の可愛いスイートドリンク

ホイアン旧市街に人だかりが出来ている。なんだろうと近づいてみると、みんな蓮の花びらの浮かんだグラスを手にして写真を撮っている。これがホイアンの隠れた人気ヌックタオモック（Nuoc Thao Moc）。ホイアン伝統のハーバルティーだ。人気の理由はなんと言っても見た目の可愛らしさ。レモングラスとジンジャーの効いた黄色いお茶の上にピンクの蓮の花びらと緑の生茶の葉を浮かべれば、目を引かないはずがない。ハチミツも入っているので疲れた体へのミネラル補給にも効果抜群。店の真向かいの路上の屋台でも売っているので、ぜひお試しを。

1

2

3

1. お店によってお茶の配合は若干違う。ハチミツに蜂が集まってきているが、ハエではないので心配ご無用。2. 使われている原料を陳列。ベトナムライムを中心に、シナモンやレモングラス、漢方薬の陳皮なども。ホイアンには元々中国人の営む漢方薬店が多かった。3. 店内でゆっくり飲むこともできる。

DATA

住 150 Tran Phu, Hoi An, Quang Nam　電 090-191 3399　休 無休　営 16:30～22:00　予 不要
C 不可

92 Station

92 ステーション

MAP / P171・C3

1階入り口近くの席は、割といつも空いている。みんな上の階に行くのだろう。

ホイアンの町を俯瞰で眺められるカフェ

ホイアンは築200年の2階建てや半2階建てが多く、世界遺産に登録されてから改築や増築、色彩変更などは許可が必要になった。『92 Station』は、規制直前にできた数少ない3階建ての洋風建築。3階や屋上まで行けるとあって、ホイアン独自の瓦葺きの街並みを眺めたり、SNS用の写真を撮影する人たちでにぎわう。旧市街は本当に低い建物しかないのだなぁ、と実感できる。旧市街のメインストリートのチャンフー（Tran Phu）通りでは、シクロやアオザイ姿の女性、天秤棒を担いだおばさんや物売りのおじさんを見かけることもあり、古き良きホイアンを感じられるだろう。

1. 旧市街にはいくつもカフェがあるが、この景色が見られるところは、ほかに無い。2. 旧市街によくある建物とは入口も構造も違う洋式の建物。エアコンの使えない旧市街の建物は風の流れを良くするため天井は高く、階段が吹き抜けになっている。3. 眼下に広がる趣のある風景。新型コロナ流行前はグラビアやテレビの撮影にくるグループも多かった。

DATA

住 92 Tran Phu, Hoi An, Quang Nam　電 090-506 3199
休 無休　営 7:00〜19:00　予 不要　C 不可

51.

vietnam

HOI AN

Market Bar-Market Terrace Hoi An

MAP / P170・H2

マーケットバー マーケットテラス ホイアン

市場の2階にあるバーからホイアンの町を眺める

外国人観光客の多いホイアンだが、おしゃれなバーやカフェ、レストランも多いので、若いベトナム人観光客も増えた。ここは市場の2階というレアな立地で、地元の人と観光客が入り混じるバーだ。カクテルの種類も多く、ソファー席でまったりするのもお薦めだが、私のお気に入りはベランダ席。眼下には市場の喧騒があり、多くの外国人観光客、地元の買い物客の姿を目にすることができる。この混在感がホイアンなのか？ ベトナムなのか？ ちょっとした異空間へトリップさせてくれる。

1

2

3

1.日用雑貨品で溢れている市場の2階にある。2.カクテルやビールなどの種類も多い。ベランダ席からゆっくりと人の流れを楽しもう。3.看板に書かれた店名「Market Terrace」。マーケット（市場）のテラスだった場所。

DATA

住 02 Bach Dang, Hoi An, Quang Nam　電 098-580 7783
休 無休　営 16:00〜23:00　予 不要　C 不可

Vietnam Topics.7
at Hoi An

ホイアンな人々
Hoi An people

"タイン フォーン レストラン"の
優しい人々

昔からお母さんが作るホイアン料理が人気のレストラン。今ではベトナム人、外国人を問わずにぎわっている。私も時折お母さんの料理を食べながらホイアンの話を聞かせてもらっており、かつて海外から多くの船が来る貿易港でにぎわったホイアンには「来る人は拒まず」の精神が息づいている。そのためタイン フォーン レストランの人々に限らず、見知らぬ外国人にも優しいホイアンの人々。そんなところは「来る者拒まず」がルーツなのかも。(→P84_Thanh Phuong Restaurant)

Art SPA

アートスパ

MAP / P170・A4

旧市街散策に疲れたら、少し休憩してみませんか

ホイアン旧市街は車通行禁止。時間帯によってはバイクも通行できないので、移動は徒歩か自転車がメインとなる。そして夏は40度を超える暑さ、冬場の雨季は雨で底冷えする環境だ。そんな中で疲れたらSPAでリラックスしてみよう。ホイアン周辺にはSPAがたくさんある。その中で一番の私のお気に入りは、スタッフもフレンドリーで施術も良い、ここArt SPA。施術後にはお茶やお菓子、フルーツのサービスもある。ローカルマッサージSPAから、リゾートホテルの高級SPAまでさまざまあるが、中でも高級感のある街のSPAがお手頃で旅行者に人気がある。

1

2

3

1.フットマッサージは45分　27万7,000VND〜。ボディーセラピーは45分　27万7,000VND〜。ホットストーンマッサージは75分　51万7,000VND〜。2.フットマッサージスペースはこちら。ウェイティングルームにもなっている。3.SPAに癒やされるその前に、この笑顔に癒やされる。大昔から貿易港として栄えたホイアンには、旅人へのホスピタリティーが根付いている。

SPAの後、ホイアン伝統の菓子とフルーツで整う。リフレッシュしたらランタン街とナイトマーケットに繰り出そう。

DATA

住 37 Nguyen Phuc Tan, Hoi An, Quang Nam　電 090-648 8820
休 無休　営 10:00〜22:00　予 可　C 可

Reaching Out Arts & Crafts

リーチング アウト アート&クラフト

MAP / P170・B3

今は障害者支援のクラフトショップだが、その昔ここが病院だったというのは何かの繋がりを感じる。

ここにしかない、上質なハンディークラフトの土産がずらり

ベトナムの伝統工芸・バッチャン焼きに金細工を施して高級感のある食器に仕上げたものなど、ここにしかないオリジナルの商品をそろえる店。奥には工房もあり、実際に作っている様子も見ることができる。いわば「製作者の顔が見える土産店」。ここのオーナー自身も足に障害を持つ方で、元々は障害者の自立支援のために始めたお店。足は不自由だが手先は器用、不器用だが体は丈夫、そんな2人が一緒になれば強くなれる。そういった思いでみんなでオリジナルクラフトを作っている。商品はどれも上質で可愛らしいデザインのものばかりだ。

1. 奥の工房は観光客も立ち入り自由。その昔、畑仕事のできない障害者は疎まれがちの存在だったとオーナー。しかし手に職を持った彼らは、自立した存在に。2. 系列のカフェ（P106）でも提供しているオーガニックティー。3. ランタンを現代風にアレンジ（5.5USD）。4. 子供服なども手作り。縫製が有名なホイアンならでは。

DATA

住 103 Nguyen Thai Hoc, Hoi An, Quang Nam　電 0235-3910 168　休 無休　営 8:30～21:00　C 可

Tram Hoi An

チャム ホイアン

MAP / P170・A3

ホイアンでお土産に困ったら、上品な香木を選択肢に

ベトナム中部は1000年以上前から沈香（じんこう）などの香木の産地でした。東大寺正倉院にある蘭奢待（らんじゃたい）も、その昔ホイアンの地にいたチャム族から贈られたといわれています。かつては海岸を歩くと天然物が流れ着いたともいわれていますが、今は政府の管理下にあり天然物を買うことは難しくなっています。しかし15年程前にベトナムは香木を人工的に作る方法を開発し、安価で手に入るようになりました。私も仕事で疲れたときに使っていますが、リラックスする香りは天然物にも引けをとりません。

1. 香木の香りの低いところは削ってお香やお線香の香り付けに使う。香木で作られた置物やブレスレットは、着けているだけで健康になるといわれている。2. 観光名所『日本橋』のたもとにあり、1階でお香作りなどを見ることもできる。

DATA

住 186 Tran Phu, Hoi An, Quang Nam　電 0235-3911 866　休 無休　営 8:00～21:00　予 不要　C 可

Cho Hoi An

チョ ホイアン(ホイアン市場)

MAP / P171・D3

300年以上前から、ホイアンの人々の胃袋を支える台所

ホイアンの入り口にある大きな井戸。かつてこの井戸の周りに人が集まり市場が立ったといわれています。この市場は食料品が中心で、いくつかのエリアから成り立っています。入り口すぐは食堂エリア。さまざまなホイアン料理が食べられ、値段の書かれたメニューもあるので安心です。次は乾物エリア。コーヒーやお茶などお土産にも適した商品を売っています。そして肉から始まる生鮮食品エリア。豚や牛の頭がドン！と置いてあったりして圧巻です。道を渡ると魚介エリアもあるのでいろいろ探検してみて。

1

2

3

1. 市場を取り囲む場外には、色とりどりの南国フルーツが並びます。値段は1kg単位ですが、1個でもOK。2. 食堂エリアにはホイアンのサラリーマンの味方、皿ご飯（Com Dia）の店も多い。指差し注文できるのでチャレンジしてみて。3. さまざまな豆、米、胡椒などを扱う乾物店。胡椒はベトナムの特産品でもある。

DATA

住 Tran Phu, Hoi An, Quang Nam　電 なし　休 無休　営 6:00〜17:00(店舗により異なる)

困ったらホイアンのかけこみ寺 市場横の“侍食堂”へ

扉が開いていたら声をかけてみよう。ホイアンの世話好きなご主人がきっと優しく応対してくれるでしょう。

ホイアンにほれ込み、日本食堂を始めたご主人の宮川玄太さん。ホイアンで出会ったお嫁さんとの間にお子さんも生まれ、一家で営んでいる。はじめはおにぎりと味噌汁の「侍セット」からスタート。「僕が好きで、僕が作れるものしか出しません。ここの味は、うちの“おかん”の味なんです」と話すちょっと頑固な“侍”。カツ丼やラーメン、カレーライスなどはホイアン在住の日本人はもちろん、外国人にも人気。かき氷やビールもあるので、宮川さんの話を聞きながら休憩するのもいい。内緒の話だが、市場近辺でトイレに困ったらここに駆け込めば、気軽にトイレも貸してくれる。私もビールを飲み、宮川さんと話をしながら入り浸っているお店。

練乳入りのベトナムコーヒー(Cafe Sua Da)をイメージしたコーヒーと練乳のほろ苦いカキ氷(3万VND)。

Entrance

Staff

侍食堂
Samurai Kitchen
▶MAP / P171-D3

住 09 Tieu La, Hoi An, Quang Nam
電 077-850 4627　休 日曜
営 12:00〜14:00、17:00〜21:00
予 可　C 不可

Walk around Hoi An

ホイアンで、まちあるき

ホイアンの中心部ともいえる旧市街は600m四方と
小さいため、歩いて回るのに最適な街。古い家屋や
街並みに、センス溢れる店舗が軒を連ねている。
名物の満月祭りやナイトマーケットもチェックしよう

Walk around Hoi An 1

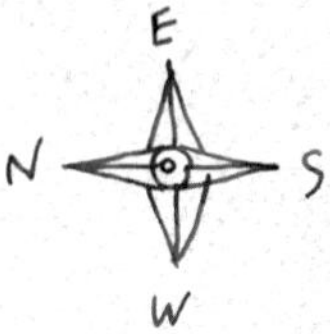

★＝チケット売り場

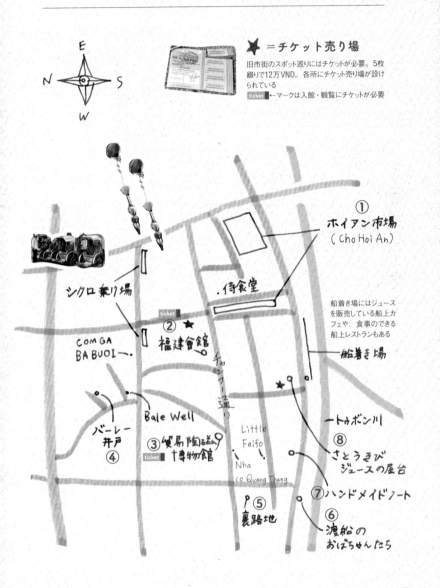

旧市街のスポット巡りにはチケットが必要。5枚綴りで12万VND。各所にチケット売り場が設けられている

ticket ←マークは入館・観覧にチケットが必要

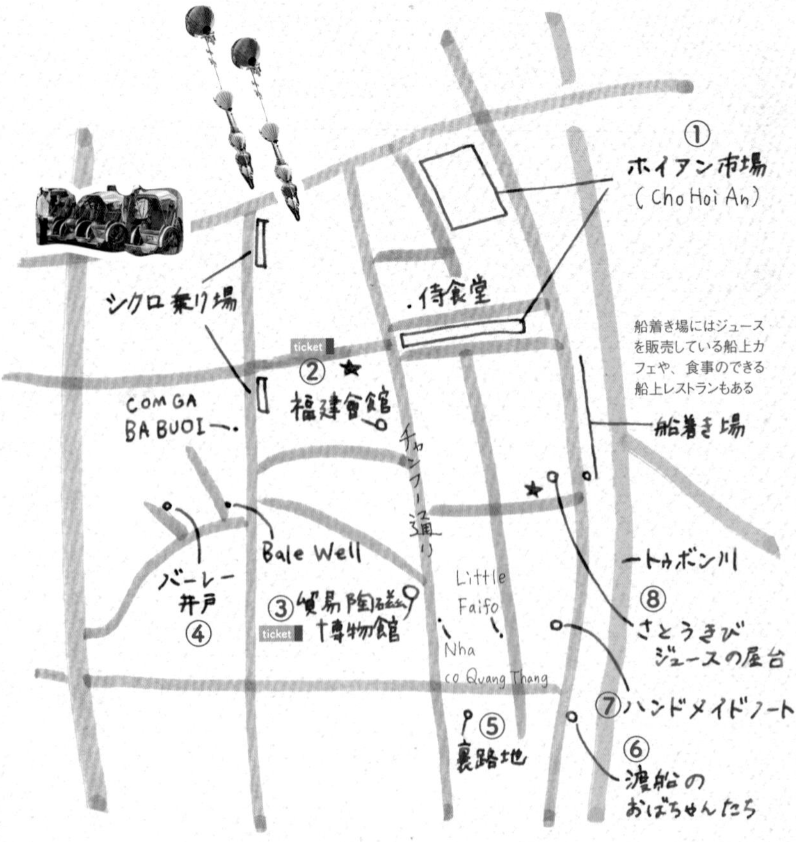

① ホイアン市場（Cho Hoi An）

市場で購入できるカシューナッツは珍しい甘皮付き。左／12万VND、右／13万5,000VND。

② ticket 福建會館

ホイアンに住んでいる華僑の人々の集会所。航海の守り神「天后聖母」が祭られている。

③ ticket 貿易陶磁博物館

日本や中国との貿易が盛んだった頃のホイアンの様子が垣間見られる博物館。近郊の沈没船から引き揚げられた品々などが展示されている。2階は旧市街の街並みが見渡せる絶景ビューポイント。

④ バーレー井戸

ホイアンのローカルごはん（P92）に欠かせないのが『Bale Well』（P104）近くにある『バーレー井戸』の水。ホワイトローズやカオラウなどはこの水を使わないと作れず、ホイアン以外では食べられないそう。

⑤ 裏路地

SNS映えするホイアンのなかでも、人が一人やっと通れるほどの細い路地は、秘密めいた雰囲気。目的地までうまくいけばショートカットできるかも。「黄色の街」と呼ばれるホイアンらしい壁も美しい。

⑥ 渡船のおばちゃんたち

旧市街と対岸のアンホイ島への行き来に便利な渡船。おばちゃんたちが上手に舟を操る。トゥボン川から眺めるホイアンの風景は一見の価値あり。ぜひ一度は体験してほしい。2万VND。

⑦ ハンドメイドノート

ホイアンらしいイラスト入りの手作りノート。店舗の軒先や路上などで販売。1冊2万VND。

⑧ さとうきびジュースの屋台

さとうきびを搾ったフレッシュジュースの屋台。出店位置は都度変わる。写真は1杯1万5,000VND。

Walk around Hoi An 2

★ ―チケット売り場

旧市街のスポット巡りにはチケットが必要。5枚綴りで12万VND。各所にチケット売り場が設けられている

ticket ←マークは入館・観覧にチケットが必要

日本橋を渡った先の道。真っすぐ歩くとバスやタクシーが駐車している場所に辿り着く。ナイトマーケットや旧市街のあちこちで見かけたような土産店が並び、最後のお土産探しをしている人が多い

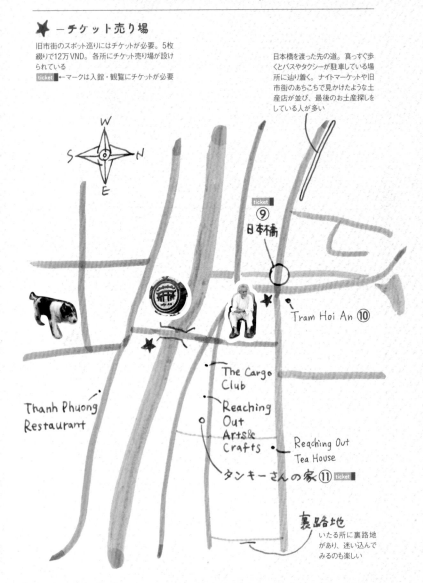

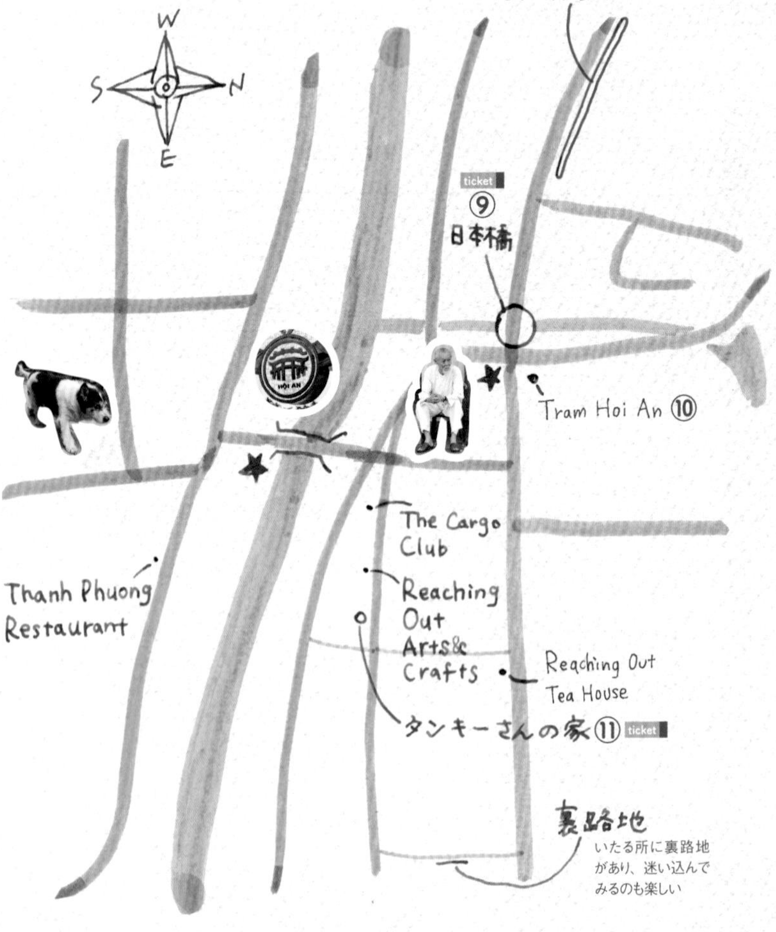

いたる所に裏路地があり、迷い込んでみるのも楽しい

⑨ ticket

日本橋

2万VND紙幣にも描かれる、ホイアンの代表的スポット。約400年前に日本人によって建てられ、その後幾度も修繕が加えられた。橋に祭られている鎮武北帝が、橋の下の巨大ナマズを鎮めていると伝えられている。ちなみに巨大ナマズの頭はインド、胴体（腹）はホイアン、尾は日本にあり、ナマズが暴れるとインドで干ばつ、ホイアンで洪水、日本で地震が起こるといわれている。

⑩

Tram Hoi An

香木専門店『Tram Hoi An』（→P126）の沈香のお香（6万6,000VND）。焚くと、心が落ち着く香りがふんわりと漂う。可愛いレースの小袋に入れられていて、お土産にも喜ばれそう。

⑪ ticket

タンキーさんの家

広東省からやってきた商人の家で約200年前に建てられた。手前に平屋、奥は2階建てのベトナム様式で、梁は福建様式。さらに欄間の使い方などに日本様式も取り入れられている。展示されている螺鈿細工のテーブルセットは今では値が付けられないほどの価値がある。柱にあしらわれた漢字も螺鈿細工で、よく見ると鳥が文字を形作っている。

Walk around Hoi An 3

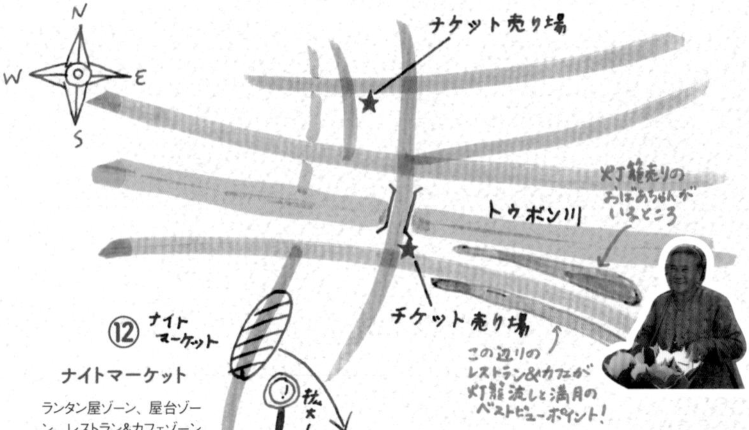

ナイトマーケット

ランタン屋ゾーン、屋台ゾーン、レストラン&カフェゾーンといった具合にすみ分けられている。売り物のランタンに明かりがともると、夜ならではの景観を満喫できる

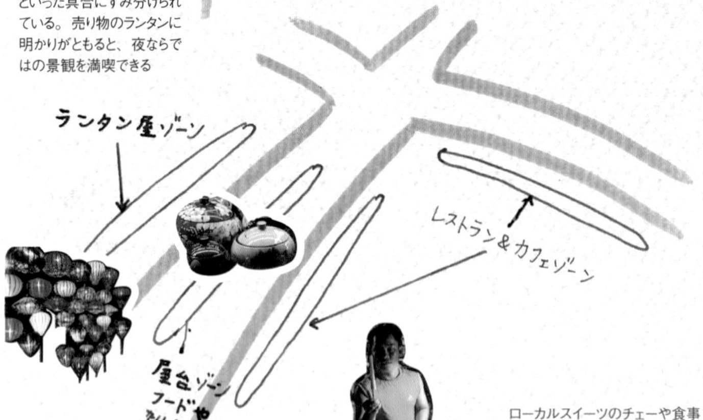

ローカルスイーツのチェーや食事系の屋台もたくさんあるが、周辺を歩きながら食べられるものがおすすめ。丸い鉄板で焼いたバナナクレープのようなものや、円すい形のアイス（5,000VND）は食べ歩きにも最適

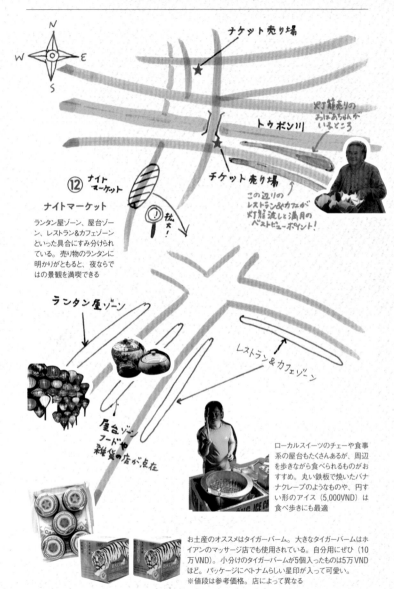

お土産のオススメはタイガーバーム。大きなタイガーバームはホイアンのマッサージ店でも使用されている。自分用にぜひ（10万VND）。小分けのタイガーバームが5個入ったものは5万VNDほど。パッケージにベトナムらしい星印が入って可愛い。
※値段は参考価格。店によって異なる

Vietnam mood

ベトナム気分なスーベニア

Souvenir

オーガニックなアイテムや繊細な手仕事のグッズなど、ベトナム中部ならではのおすすめの土産をまとめました

ビューティー Beauty

Cream

フエに昔からある、伝統のバラの香りがする乳液のようなクリーム。30万VND
(Hoa Ly_P68)

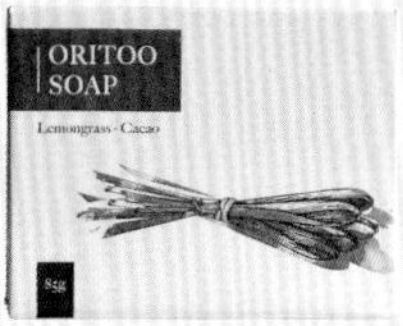

Soap

爽やかなレモングラスと保湿成分のあるココアパウダーを配合。ORITOO SOAP 250mℓ
19万VND
(COCO BOX_P108)

Soap

ホイアン発の自然派ハンドメイドブランドSAPO。素材はすべて自然のもので季節により種類が異なる。全8種各10万VND **(Hoa Ly_P68)**

Lip balm

ココナツオイル配合で保湿成分豊富なSAPOリップバーム。
10万VND **(Hoa Ly_P68)**

100% RAWコールドプレスのココナツ&オーガニックアーモンドオイルのボディバター。52万5,000VND
(COCO BOX_P108)

Body butter

Coconut oil

ボディマッサージやカーミングバームとして、またオイルうがいにも使えるココナツオイル。27万VND
(COCO BOX_P108)

Goods グッズ

Laundry bag

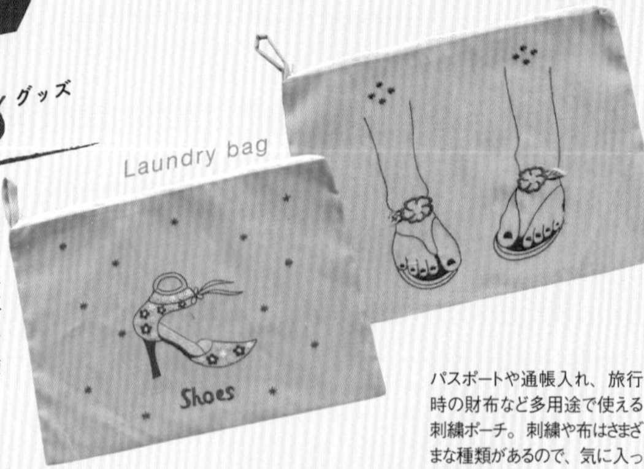

ベトナムのお土産として鉄板の人気を誇る刺繍入りランドリーバッグ。珍しい横型はファスナーが広く開くため、使い勝手もいい。7万VND **(Hoa Ly_P68)**

パスポートや通帳入れ、旅行時の財布など多用途で使える刺繍ポーチ。刺繍や布はさまざまな種類があるので、気に入ったら揃えても楽しい。6万VND **(Hoa Ly_P68)**

iPad bag

Pouch

ダナン・フエ近郊の少数民族、カトゥー族の刺繍入りiPadバッグ。布を織る時にビーズも一緒に織る繊細な手仕事。この店ならではのアイテム。60万VND **(Hoa Ly_P68)**

Pouch

使い勝手のよい小型ポーチ。デザインもいろいろある。8万5,000VND **(Table Produce_P69)**

Notebook

ホイアンの風景やベトナムらしい絵柄が表紙のハンドメイドノート。水彩画からペン画、版画風など図柄やタッチもさまざま。2万VND **(ホイアンの路上やお土産店など_P130)**

店員さんが入れてくれる所作をよく見た後なら、自分でも美味しいベトナムコーヒーが味わえるはず。コーヒーフィルター　4万9,000VND
(HOI AN ROASTERY_P110)

Coffee filter

Agarwood

上質な沈香の香木がたっぷり入った瓶詰め香木。自分へのご褒美として、大切な人へのとっておきのギフトとしておすすめ。99万VND **(Tram Hoi An_P126)**

Doll

少数民族の人形。昔からあるが、最近は作りが良い。16万VND
(Hoa Ly_P68)

Clothespin

コロンとした鳥の形が愛らしい洗濯バサミ。プラスチック製ながらしっかりとした作りで雨風にも耐久性があり、ホールド力も抜群。何かと便利。8,500VND **(BIG C_P76)**

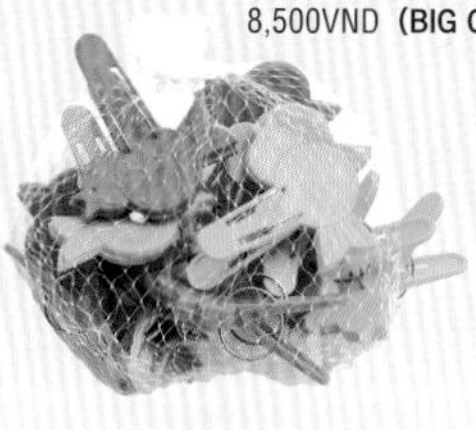

Bottle opener

ダナンの地ビールのラルーの栓抜き。マグネットが付いている。これでビールを飲みながらダナンを思い出して。
(Hoa Ly_P68)

Message card

型抜きのドラゴンが飛び出すメッセージカードは、細かな仕事が素晴らしい。路上販売は決まった値段がないので、要交渉。5万VNDほど **(ホイアン ナイトマーケット_P134)**

Souvenir

Food フード

Coconut candy

ココナツのソフトキャンディは市場などでも売られている人気のダナン土産の一つ。上品なパッケージで、中は個別包装になっている。4万5,000VND **(BIG C_P76)**

Shrimp salt

ベトナムでは果物につけるエビ塩。エビの旨みと唐辛子のハーモニーが絶妙で、食事の際に調味料としても活用できる。1万1,900VND **(BIG C_P76)**

Noodle

ベトナム人気No.1の即席麺ブランドHAO HAO。エースコックの海外ブランドで、味はお墨付きのカップラーメン。8,000VND **(BIG C_P76)**

Tea

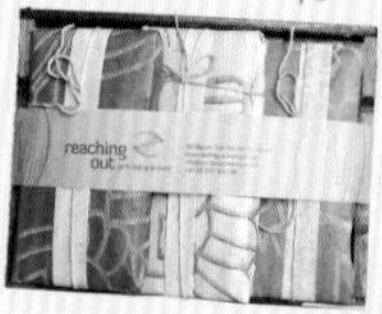

系列のカフェ（P106）で供される茶葉が入った3種のお茶セット。シルクに包まれたギフトBOXタイプ。7USD **(Reaching Out Arts & Crafts_P124)**

Toothpick

BIG Cオリジナルブランドの爪楊枝。両先端が鋭いため、本来の使い方ではなく、ピンチョスなどに重宝しそう。5,100VND **(BIG C_P76)**

Gift set

人気土産のベトナムコーヒー（インスタント）、蓮茶、ココナツせんべいが、かわいい刺繍の巾着に入ったオリジナルギフトセット。4万VND **(Hoa Ly_P68)**

Nuts

セレクトショップTable Produce厳選のミックスナッツ。4万7,000VND **(Table Produce_P69)**

Coffee

店で焙煎した豆はお土産としても人気。アラビカコーヒー豆 15万VND、Robustaコーヒー豆 12万5,000VND、エスプレッソコーヒー豆 14万VNDの3種類。**(HOI AN ROASTERY_P110)**

Jam

ベトナム産オーガニック果実のミニジャム3種入りBOX。写真は左からグァバ、レモングラス、マルベリー。7万VND **(COCO BOX_P108)**

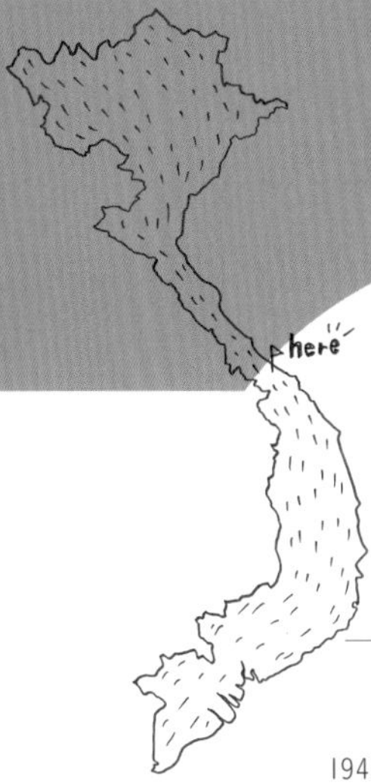

vietnam

HUE

フエ

1945 年までベトナム最後の王朝・阮朝の首都で、
王宮や寺院、皇帝陵など見どころが点在。
1993 年にフエの建造物群としてベトナムで初めて
世界遺産に登録された

ダナン駅から列車でフエへ
Go to Hue by train

MAP / P169・A2

ぜひ前日までにチケットの前売り券を買っておきたい。フランス統治の名残り、モダンなカラーの車両がおシャレ。

フエに行くなら鉄道で！ 約3時間の未体験トリップ！

ベトナム南北統一鉄道でハイヴァン峠を越え、フエまで。ダナン駅を出発すると線路沿いの家並みをギリギリに通過していき、峠に入ってトンネルを抜けると真っ青な南シナ海が開ける。この路線で一番きれいな風景と言われる場所だ。この列車はホーチミン市のサイゴン駅から首都ハノイ市のハノイ駅までをつなぐ大動脈だ。エアコンなしのハードシートから、4人部屋寝台個室などさまざまなクラスがあるが、ダナン－フエ間は約3時間。エアコン付きソフトシートがおすすめだ（運賃＝6万8,000VND　繁忙期は変動あり）。単線なので途中で列車のすれ違い待ちなどの停車時間もある。

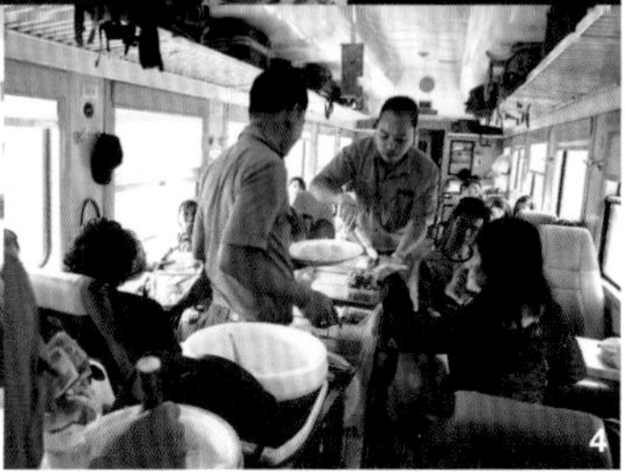

1.ホームには、ダナン料理のお弁当やお土産を売る店が連なる。2.ハードシート車両は家族で長旅をするベトナム人が多い。繁忙期には床にゴザを敷いて寝てしまう人もいるカオスな空間になる。3.怖そうで怖くない、ちょっとユルい駅員さんは、困ったら頼りになる存在だが、英語はまず通じない。柱のポスターに社会主義国を感じる。4.飲み物や食べ物の社内販売もある。お弁当は1個3万5,000VND。メインのおかずを選ぶと、温かいご飯とスープも付いてくる。

王朝の繁栄の跡が残る、フエの世界遺産を巡る

1802年から1945年まで続いたベトナム最後の王朝・阮（グエン/Nguyen）朝の都が置かれたフエには、歴代王の廟など芸術価値の高い建造物が多く残され、その建造物群は1993年にベトナムで初めてユネスコの世界文化遺産に登録された。フエで見ておきたい世界遺産は3カ所。１つ目は1601年開山のティエンムー寺（Chua Thien Mu）。ここの七重の塔は今でもフエのシンボルです。そして阮朝が1804年に建造した王宮（Dai Noi）。最後に1931年に完成したカイディン帝廟（Lang Khai Dinh）は、阮朝の伝統様式にフランス様式を取り入れた廟で、ほかの帝廟とは少し印象が異なります。

1

2

3

1. 今も多くの修行僧がいるティエンムー寺。本堂には、過去から未来まで見守ってくれる3体の仏像が安置されている。2. 第4代の嗣徳帝（Tu Duc）は、この門の奥に眠る。3. 嗣徳帝廟の謙陵（Khiem Lang）では、1日に5回、フエ音楽（Ca Hue）が演奏され、帝廟の入場料だけで見ることができる。4. 王宮内にある宮廷劇場。1日2回宮廷舞踊を見ることができる。20万VND。5. 皇帝の祖母のために建てられた長生宮の門。6. 香河（Song Huong）周辺の遺跡をボートで巡るツアーもある。7. 最後の皇帝保大帝（Bao Dai）の父、第12代皇帝啓定帝（Khai Dinh）の墓の内装はモザイク仕立てで、その美しさに驚かされる。8. 1920年から11年かけて造られた啓定帝廟の外観。今は汚れてしまったが、かつては白亜の御殿だったそう。9. 啓定帝廟の装飾には日本から持ち込まれた瓶も使われているので見つけてほしい。10. 王宮の正門（午門）。

DATA

1/Chua Thien Mu（ティエンムー寺） | MAP / P172・E1 |
休 無休 ¥ 入場無料 営 24時間

2,3/Lang Tu Duc
（嗣徳帝廟/トゥドゥックていびょう） | MAP / P172・F2 |
休 無休 ¥ 入場料20万VND 営 7:00～17:00

4,5/Dai Noi（阮朝王宮/グエンチョウおうきゅう）
| MAP / P172・A1 |
休 無休 ¥ 入場料20万VND（宮廷骨董博物館とセット） 営 7:00～17:00

4

7

5

8

9

6

10

7,8,9/Lang Khai Dinh(啓定帝廟/カイディンていびょう)
| MAP / P172・F3 |
休 無休 ¥ 入場料20万VND 営 7:00〜17:00

10/Ngo Mon(午門)
| MAP / P172・A1 |
¥ 王宮の外は無料

※セットチケット●Dai Noi、Lang Minh Mang、Lang Khai Dinhの3カ所セット ¥ 大人42万VND、7〜12歳8万VND ●Dai Noi、Lang Minh Mang、Lang Tu Duc、Lang Khai Dinhの4カ所セット ¥ 大人53万VND、7〜12歳10万VND

Tinh Gia Vien

ティン ザー ビエン

MAP / P172・F1

一度は食べたい高級宮廷料理をリーズナブルな老舗で体験！

目に鮮やかなフエ宮廷料理は、「きれいだけれど味はイマイチ。そして高い！」と、若干の悪評もある。でも、リーズナブルだったら一度は食べておきたい。ここは、宮廷料理人の血を引くHaさんのお店。Haさんは「宮廷料理をもっと世界の人に知ってほしい」と、リーズナブルな価格で美味しい宮廷料理を提供し続けている。宮廷料理の基本、「五味五色」を守るコースは品数も多く、食事の時間は2時間はかかるので、余裕をもって王様気分で味わいたい。

1.宮廷料理のコースは16万VNDから。驚くくらいリーズナブル。2.モダンな旧家と池を中心とした庭も評判が高い。3.オーナーのHa（左）さんは、ベトナムでいろいろな料理の賞を受賞している有名な料理人。右は娘さんのMyさん。

DATA

住 K7/28 Le Thanh Ton, TT-Hue　電 0234-3522 243　休 無休　営 11:00～23:00　予 可　C 可

Chan Restaurant

チャン レストラン

MAP / P173・D1

フエ独特のタレや味付けで食べるベトナム家庭料理

南北に長いベトナムでは地域で味付けが違いますが、フエの味付けはダナンより若干濃いめで、辛めの料理が多いです。フエは寒いから辛い料理が流行ったなどの説がありますが、ひとつは「フエの唐辛子は辛さが消えるのが早い」ことがあるような気がします。それとフエは約500年前まではハイヴァン峠を挟んで、チャンパという別の国だったので文化も異なります。チャンパ料理は、塩味ベースで野菜や鶏肉などの素材を生かす料理が多いです。最近は激辛ブームも加わって、辛い料理を食べる人が増えました。特に若い人は辛い物が好きですね。

1. 店内はノスタルジックで、若干北部的な雰囲気もある。古い食器棚なども現役で使われているので見てほしい。2. 写真左の赤いタレ、マムトムチュア（Mom tom chua）はフエを代表する調味料。小海老の唐辛子入りヌックマム漬けと、ゆで豚肉や酢漬けの野菜と一緒に。白いご飯と塩辛にスープを掛けてお茶漬け風にしてしめるのがフエスタイル。

DATA

住 1 Nguyen Thai Hoc, Thanh pho Hue, Thua Thien Hue　電 078-852 5179
休 無休　営 9:00〜22:00　予 不要　C 可（一部の国際ブランド使用不可）

Com Am Phu

コム アム フー

MAP / P173・D1

都会に出稼ぎに行った人々が懐かしがる“地獄食堂”とは

店名の『Com Am Phu』は「地獄飯」や「お化け飯」と訳せばいいのだろうか？ その名前の由来は、このお店がかつて墓地の入り口にあったから。墓場への坂道のふもとにあったこのお店は、仕事帰りに腹ごしらえをする人たちで賑わった。店名のなかったこの食堂はいつしか「地獄食堂」とか「お化け飯屋」と呼ばれるように。その後、都会に出稼ぎに行った人たち向けに思い出の料理としてこの店の店名にちなみコムアンフーと言う料理が、ベトナム各地のフエ料理店に伝わっている。

1.写真左奥が豚肉つくねのネムルイ（Nem Lui 9万VND）、この他に豚の丸焼きや、焼肉などがメニューにある。これらを一皿のご飯の上に盛り付けてCom Am Phu、ここのお店ではミックスご飯（Com Tap Cam）が出来上がった。2.昔ながらの、この店構えと看板を見ると、あのミックスご飯の味がよみがえって来る。3.店内は典型的な庶民派の食堂だ。

DATA

住 51 Nguyen Thai Hoc, Tp-Hue, TT- Hue　電 0234-382 5259
休 不定休　営 11:00〜15:00、17:00〜22:00　予 不要　C 不可

Com Hen Ba Hoa

コムヘン バー ホア

MAP / P173・C2

天秤売りから大型店へ。幻のシジミ粥も必見!

大きなフーン川の流域では、シジミが大量に採れる。そのシジミのスープと身、地元の野菜をトッピングしたシジミご飯（Com Hen）は、フエ人の定番朝ごはん。初めて見た人は「どこにシジミがあるの？」と思うほどフエのシジミは小さい。これを一個一個殻から外すのは、泣きながらの作業…と言うのは冗談で、大鍋でシジミを殻ごと煮て目の粗いザルを使って殻だけをすくい取るのだ。朝ごはんの定番なので、この作業は深夜2～3時頃から行われる。ご飯の他にブン（Bun Hen）と言うシジミ麺もあるのでお好みで。

1. 写真上：シジミ麺（Bun Hen）、下：シジミご飯（Com Hen）。ともに2万5,000VND。紫色のマムルオックと、唐辛子をスープで溶かして振りかけて食べる。2. 実はシジミ粥もある。ピリ辛のシジミ粥は人気で売り切れも多い幻の一品。3. シャキシャキとした芋がら、三つ葉に似たツボ草などの香草とよく混ぜて食べよう。

DATA

住 11A Truong Dinh, Tp-Hue, TT-Hue　電 094-634 7466
休 無休　営 6:00～19:00　予 不要　C 不可

Banh Beo Ba Do

バインベオ バー ドー

MAP / P172・F1

米とエビだけなのにこのバリエーションを生むフエ料理の技

小さな豆皿に透き通るようにのる真っ白なお餅バインベオ（Banh Beo 6万VND）。その上にはエビのフレークが散りばめられ、タレをかけていただく。辛いものが大好きなフエ人の料理。唐辛子の浮いた辛いタレをたっぷりかけて食べよう。スプーンをお皿のカーブに合わせてくるくると回してお皿から外して食べる。もうひとつのお勧めはバインナム（Banh Nam 5万VND）。ラーヨンという葉に包んだ餅にエビのミンチをのせて蒸し揚げた一品。バナナの葉でやる店も多いが、バナナの葉は匂いが強く料理の味を損ねるので、ラーヨンを使うのがこの店のこだわり。

プルプルの食感に豚の背脂がアクセントになっている。1セット15枚だが、ひとりで全部食べてしまう人も多い。

お餅を乾かし、日本の歌舞伎揚げのように油で揚げる。その中に小エビを入れ、もちもちの餅を載せたらバインラムイッ（Banh Ram It 5万VND）の出来上がり。こちらも定番の人気メニューだ。

DATA

住 8 Nguyen Binh Khiem, TT-Hue　電 0234-354 1182
休 無休　営 8:00〜20:00　予 不要　C 不可

63.
vietnam
HUE

Banh Canh Ca Loc Hoang

バンカンカーロック ホアン

MAP / P172-F1

フエ式の刀削麺の技と、出汁の利いたスープ

フエ式刀削麺のバンカンカーロック(Banh Canh Ca Loc 2万VND)とは、餅入りの雷魚スープ。丸い筒に米粉を練った生地を貼り付け、包丁で切り出して直接お湯に入れて茹でる。淡水に住む雷魚は1週間ほど真水に入れて泥臭さを抜くのがこの店のこだわり。トッピング用のうずらの卵をむきながら待つとネギだくのスープが到着。豚の皮と炒めた唐辛子を入れて食す。そう、これは麺に見えるがベトナム人のくくり的には餅入りスープ。スプーンで食べるのだ。麺をすくって器の端を使い上手に切って食べよう。

1.この料理はフエでは冬の定番。寒い冬にネギと唐辛子とスープで体の中から温める。2.メニューはこれしかないので黙って座れば出てくるのだ。3.生地を切り出す技を見逃さないで! 上手にひし形に切るのが職人の技!

DATA

住 208 Nguyen Tat Thanh, Thuy Duong, Huong Thuy, TT-Hue 電 0234-385 4013
休 無休 営 6:00〜23:00 予 不要 C 不可

64.

vietnam

HUE

Quan Chay Thien Phu

クアン チャイ ティエン フー

MAP / P173・D1

ベジタリアンが多いフエ。大衆精進料理店も美味しい

フエにはベジタリアンが多く、街のあちこちに精進料理店がある。精進料理と言うとつつましく質素なイメージがあるかもしれないが、厚揚げや湯葉を中心にきのこの出汁を使ったり、漬物の味を生かした炒め物など日替わりメニューのおかずもさまざまだ。しかも、飽きないように味付けや食感を変えているので、ベジタリアンでなくても美味しく食べられる。ベトナムでは、旧暦の新月の日と満月の日に精進料理を食べて体を清める風習がある。精進料理店のランチプレートはだいたい安い。他にもメニューはあるのだが、内容が日本人には分かりにくいので、まずはランチプレートから試してみよう。

1. 野菜だけなので、あっさりしているのではと思いがちだが、意外にしっかりとした味付け。これが今日のランチプレート1万5,000VND。2. 精進料理のベトナム語がCHAY。3. 長年お店を切り盛りするご夫妻、お二人もベジタリアンだそうだ。

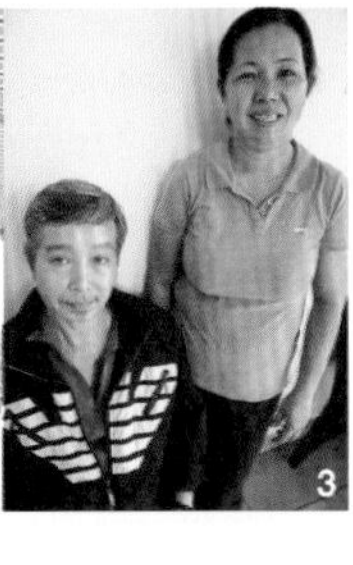

DATA

住 58 Nguyen Con Tru, Tp-Hue, TT-Hue
電 093-594 9839
休 無休
営 6:00〜20:00
予 不要　C 不可

Dac San Co Do／Che Hem

ダク サン コー ドー／チェー ヘム

MAP / P172・E1　P173・C2

フエの伝統スイーツはおやつにも、お土産にも人気

ライスペーパーや、ゴマ、ピーナツを使ったさまざまな伝統菓子を扱う『ダクサンコードー』。「古都の特産」と言う意味だ。さまざまなお店で同様の伝統菓子を作っているが、ここのは甘さが控えめで日本人にも馴染みやすい。また、チェー（Che）と言うスイーツは日本のベトナム料理店でも出てくるが、これはフエの伝統スイーツ。『チェーヘム』には15種類のチェーがあり、どれも一杯１万5,000VND。特に夕方から出てくるBot Loc Heo Quayは、刻んだ豚の丸焼きをタピオカ粉で包んだ珍しいもの。

1

2

1.『ダクサンコードー』の試食セットは食べ放題! 宮廷茶と一緒に出してくれる。3～4万VNDと価格もリーズナブル。2.『チェーヘム』のチェー。左からフルーツ（Trai Cay）、緑豆とココナツミルク（Xanh Dua）、紫芋（Khoai Tia）のチェー、各1万5,000VND。

DATA

Dac San Co Do
住 30 Nguyen Phuc Nguyen, Kim Long, Tp-Hue , TT-Hue　電 0234-351 9112　休 無休
営 8:00～20:00　予 不要　C 不可

Che Hem
住 1 kiet, 29 Hung Vuong, Phu Hoi, Tp-Hue,TT-Hue　電 なし　休 無休
営 8:00～20:00　予 不要　C 不可

Cho Dong Ba

チョ ドンバー(ドンバー市場)

MAP / P173・C1

生活用品から土産物まで扱うフエ最大の市場

最近はスーパーやコンビニも増えたが、今でもフエの台所として、生活用品、観光客のお土産などすべて揃う市場がドンバー市場。レトロ可愛い掘り出し物もあるキッチン用品店、フエの料理には欠かせないさまざまな塩辛(マム)類を専門に扱う店、野菜、魚、肉などの生鮮食品店などがひしめき合っている。ドライフルーツを扱うお店では試食もさせてくれるので気軽に声を掛けてみよう。お薦めは生干しのマンゴー(Xoai Deo 500g約8万VND)。迷宮の様に通路が四方に延びているので迷子にならないで。

1.雨でもレインコートを着て食事をしながら野菜を売るおばちゃん。たくましいです。ただし、商品はずぶ濡れ。2.フエ独特の調味料、エビの酸っぱい塩漬け(Man Tom Chua)。フエでは生春巻きにのせたり、茹で豚のタレに使ったりする。3.カラフルなキッチン用品店が並ぶ一角。掘り出し物を探してみよう。4.場外の路上には、ベトナムサンドイッチのバインミー屋台や、麺の屋台も時間によって出てくる。地元の人たちがおやつに食べたりしている。

DATA

住 Phu Hoa, Tp-Hue,TT-Hue　電 0234-352 4663　休 無休　営 6:00〜18:00　予 不要　C 不可

Tra Dinh Vu Di

チャーディン ブーヂー

MAP / P172・F3

肌がきれいになるお茶が飲める、漢方茶の老舗

美人になりたいと願うのは万国の女性共通の思い。中国からベトナムに伝わった漢方茶では、肌がきれいになる菊の花茶（Tra Cuc Hoa）や、皇帝の第一夫人が飲んだと言われる総合美人茶の貴妃茶（Tra Quy Phi）などが人気だ。この店のオーナー女史は「肌がつやつやなのは、昔からこのお茶を飲んでいるからだ」と自慢する。男性におすすめなのは、その名も勇士茶（Tra Dung Si）。体の疲れを取って、体調を整えてくれる。飲んでいる間から体が熱くなってくるのが感じられる。

1.オープンエアの庭園カフェ。庭に臨む東屋はそよ風が通り抜け心地よさを感じさせてくれる。2.急須で頼むと2～3人で楽しむこともできる。係の女性がテーブルで入れてくれる。3.写真左：男性向け勇士茶、右：女性向け貴妃茶。土産のお茶や、このカップや茶器も店内で買うことができる。

いろいろなお茶が購入できるが、一緒にこんな茶器も求めたい。漢方茶はマグカップスタイルか、こういった盃のようなきれいな器でいただく。繊細な細工が美しい。

DATA

住 to 8, Thon Thuong 1, Thuy Bang, Huong Thuy, TT-Hue 電 0234-386 5703
休 無休 営 7:00～19:00 予 不要 C 不可

Tra That

チャー タット

MAP / P172・F1

離れの個室で静かにティータイムを過ごす

寺の多いフエにある精進カフェ。ここは「達磨（だるま）」推しのカフェで、店内にはさまざまな達磨が飾られている。日本で達磨というと手足の無い姿がポピュラーだが、ベトナムでは達磨大師の立像が多い。離れの静かな個室でゆっくりするのも良いし、天気が良ければ2階のベランダ席で、フエの象徴でもあるフーン（Huong）川を眺めながらお茶をするのも良い。2階にもいろいろな骨董などが飾られているので、それらもお見逃しなく。伝統的な古い家を改装した建物内では、「夏は暑く、冬は寒い」フエの気候に対応した空気の流れを工夫した造りも見られる。

1.2階のベランダ席。れんがの壁だが、風抜きが施され、フエの気候を考えた造り。2.ロフトもある。雨季に洪水が多かったフエの建物には、避難用にこのロフトが必要だった。3.漢方茶主体だが、飲みやすく調整されているので安心。暑い夏はアイスティーが最高。テーブルのお茶請けは、開けたら精算するシステム。

個室は2部屋のみだが、小さな庭を眺めながら静かな時間を過ごせる造り。川から流れてくる自然の風が心地よい。

DATA

住 100 Kim Long, Thanh pho Hue, Thua Thien Hue　電 0234-519 513
休 無休　営 6:30〜22:00　予 不要　C 不可

70.

vietnam
HUE

Pilgrimage Village boutique resort & spa

ピルグリミッジ ビレッジ ブティック リゾート&スパ

1.このホテル最上級クラスのTRADITIONAL VIETNAMESE POOL HOUSE（750USD 1泊1部屋2名朝食付き）には、長さ5.5mのプライベートプールを望むテラスとキッチンがあり、シェフに食事を用意してもらうこともできる。2.フエの伝統的な建物を移築して客室に。室内には人気の天蓋付きのキングサイズベッドが。

木々に囲まれたガーデンリゾートで、ひと味違うくつろぎを

フエで初めて5つ星ホテルに認定された『ピルグリミッジビレッジ』。ミニホテルから経験を積み上げ、5つ星まで上り詰めた。その要因はホスピタリティーにある。従業員の移動の多いベトナムで、各セクションのマネジャーは10年以上の経験者という定着率がそれを物語っている。エントランスの石畳を抜けたレセプションはフエの旧家を移築した建物。ガーデンリゾートならではの手入れされた庭園と、静かな湖沼の様なプールでのんびりしたい。スパは、すべて個室のビラになっている。宿泊客は、サウナ、ジャクジーは無料で使うことができ、ホテル内での滞在も飽きる事はない。

3.大理石のバスタブは最上クラスルームの特権。4.スーペリアルーム（135USD 1泊1部屋2名朝食付き）でも35㎡と広々とした室内、テラスもある。5.スパはすべてバンガロータイプ。独立してプライバシーを確保。6.東屋風のスパのエントランスでは、使われている薬草なども販売している。7.かつて用水路だった場所を利用した大型プール。両側が丘になっているので、程よく日差しも遮られる。8.プールの中で楽しめるバーもあり、プールサイドで朝食をとることも可能。

DATA

住 130 Minh Mang, Tp-Hue, TT-Hue　電 0234-388 5461　休 無休　予 可　C 可

vietnam

SPECIAL EXPERIENCE

―スペシャルな体験―

ベトナム中部の旅をより快適なものにするために、
知っておきたいホテルのホスピタリティーと、快適なエア情報

71.

vietnam
HUE

Vedana Lagoon resort & spa

ヴェダナラグーン リゾート&スパ

MAP / P168・E1 H

穏やかなラグーンの沿岸にヴィラとバンガローが並ぶ。青い水辺に面した快適で豪華な客室で、日常から離れた癒やしのひとときを過ごすことができる。

東南アジア最大級のラグーンを望む、湖上の隠れ家リゾート

ダナンから車で約1時間。街の喧騒から離れた半島の突端という立地でプライベート感のある『ヴェダナラグーンリゾート&スパ』。東南アジア最大級のラグーンを目前に望む高級リゾートである。27ヘクタールの広大な敷地には、水上コテージのウオーターヴィラ、丘の上にあるヒルサイドヴィラ、ラグーンを一望できるラグーンビューデラックスなど、142のベッドルームを用意。ゆったりとリゾートステイを満喫できるほか、世界遺産の街フエへは毎日シャトルバスが運行しており、ベトナムの原風景が広がるホテル周辺と合わせて、観光の拠点としてもおすすめだ。

夕暮れ時は湖面を照らす真っ赤な夕焼けが、夜はライトアップされた景色が美しい。

リラックスできる空間で、
ヨガや太極拳などを体
験できる。

多彩なビューを楽しめるヴィラと、ウェルネス&スパが魅力

半島の先端という立地を生かしたヴィラは、ウオーター（水上）、ヒルサイド（丘側）、ラグーンビューがあり、それぞれにプール付き、複数ベッドルーム付きなどがある。

プールはさえぎるものがないインフィニティープールのため、ラグーンと繋がって見える水上ヴィラから開放感のある景色を楽しんでほしい。敷地内からサンライズとサンセットの両方が楽しめる。なかでも、プールから見る夕日はとても美しい。プール上にステージを設置して結婚式もできるハネムーンプランは高い人気を誇っている。

またジャグジーやサウナ、ハーブスチームなどを備えたスパには、老若男女向けの多彩なスパトリートメントメニューが揃う。スパの利用者はスパ利用者専用の室内プールを利用できるなど、一日中、飽きさせない工夫がされている。

1.2つのベッドルームとリビングがある豪華なウオータープールヴィラ。2.海と山の景色が楽しめるヒルサイドプールヴィラ。3.ラグーンビューデラックスヴィラでは天気の良い日には夕日や地元の漁船なども眺められる。4.スイミングプール。5.プライベートプールがある2ベッドウオータープールヴィラ。

リゾートの中心にあるザ ホライズン レストラン。ほかに水上のレストランにはピアノバーもある。

ザ ホライズン レストランでは地元の料理、ベトナム料理、洋食などを提供する。

種類豊富なメニューが魅力のブレックファースト。ドリンクも各種取り揃う。

専用のいけすで育てた魚介類。シーフードが楽しめるレストラン

ラグーンには専用のいけすがあり、レストランで提供される海老、蟹、シーバスなどのシーフードはいけすから引き上げて調理されるので新鮮。海老とザボン（Pomelo）のサラダはザボンがこの地域の特産でもあり、おすすめ。特に赤いザボンは、普通の黄色いザボンより甘みが強く、水分も多い。さっぱりとした青パパイヤとの組み合わせが美味しい。これも日本ではなかなか楽しめない味なのでぜひご賞味いただきたい。世界中からえりすぐりのワインも用意されているので、ぜひ料理と合わせて楽しんでほしい。ヴィラでのロマンティックディナー、ピアノバー、ランタンハウスなど、レストラン以外で美食を楽しめるのもうれしい。

1. 朝食はパンだけでもさまざまな種類が並ぶ。ベトナムならではのスイーツも味わいたい。2. ラグーンを眺めながらの朝食は、爽快な気分に。日本ではあまりなじみのないフルーツも楽しめる。3. スクランブルエッグやオムレツなどその場で調理してくれるメニューがあるのもうれしい。

DATA

住 41/23 Doan Trong Truyen, Phu Loc Hue, TT-Hue
電 0234 368 1688　休 無休　営 IN14:00、OUT12.00　予 可　C 可

Vietnam Airlines

ベトナム航空

成田からダナンへの
フライトは、便利な
直行便がおすすめ!

2023年3月26日(日)より、待望の成田ーダナン線の直行便が運航再開!

ベトナムへは、2016年より4年連続で航空会社の格付けで4つ星に認定されている、便利で快適な『ベトナム航空』がおすすめ。日本路線は東京・名古屋・大阪・福岡の4都市とハノイ、ホーチミンを結ぶ。羽田発を除く往路は、日本を午前出発、昼過ぎにはベトナムに到着。復路は現地を深夜に出発、日本に朝到着するので週末に気軽に旅行できる。また、2カ月ごとに変わる機内食は評価が高く、日本行きのビジネスクラス朝食では「牛肉入りフォー」が人気。2023年3月26日より、いよいよ成田ーダナンの直行便の運航が再開するので、この機会にぜひ利用したい。

1

2

4

3

5

ベトナムの航空会社で唯一、新型コロナウイルス感染症対策に関する評価「COVID-19 SAFETY RATING」で、最高評価の5スターを獲得。

1.エコノミーも充実の機内食。ワインやベトナムビール333（バーバーバー）も楽しめる。2.ビジネスクラスの和食は、ノリタケカンパニーリミテドの食器を採用。3.多彩な食文化のベトナムならではの和と洋&アジア料理を用意。4.アオザイはハレの日に大切なお客様をもてなす民族衣装。5.マイレージプログラムの「ロータスマイル」は、ベトナム航空を利用する機会の多いお客様へ、より充実したサービスを提供。

DATA

電 03-3508-1481（予約発券） 月～金9:00～17:30、土・日曜・祝日は休業
HP https://www.vietnamairlines.com/jp/ja/

ダナン広域図

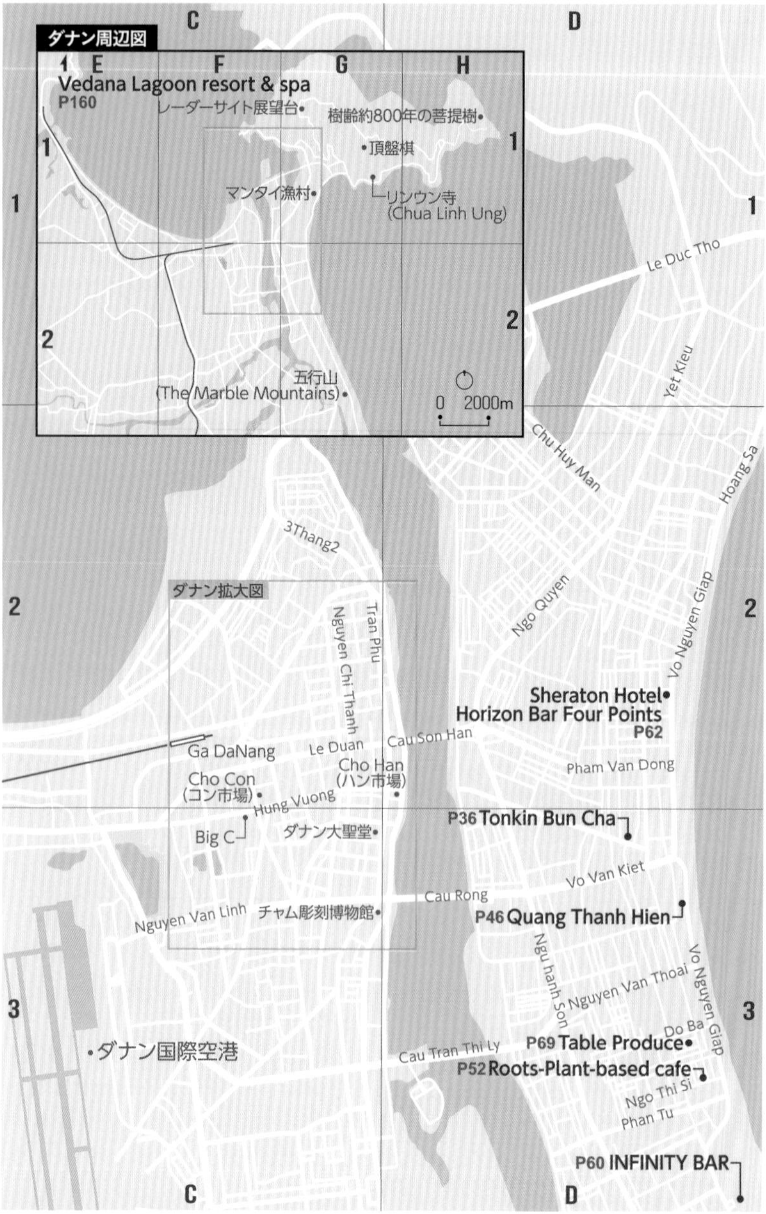

C
D
ダナン周辺図
E
F
G
H
Vedana Lagoon resort & spa
P160
レーダーサイト展望台
樹齢約800年の菩提樹
頂盤棋
マンタイ漁村
リンウン寺
(Chua Linh Ung)
五行山
(The Marble Mountains)
0 2000m
1
2
3
Le Duc Tho
Yet Kieu
Chu Huy Man
Hoang Sa
3Thang2
Ngo Quyen
Vo Nguyen Giap
ダナン拡大図
Nguyen Chi Thanh
Tran Phu
Sheraton Hotel
Horizon Bar Four Points
P62
Cau Son Han
Ga DaNang
Le Duan
Cho Han
(ハン市場)
Cho Con
(コン市場)
Pham Van Dong
Hung Vuong
P36 Tonkin Bun Cha
Big C
ダナン大聖堂
Vo Van Kiet
Cau Rong
Nguyen Van Linh
チャム彫刻博物館
P46 Quang Thanh Hien
Ngu hanh Son
Nguyen Van Thoai
Vo Nguyen Giap
ダナン国際空港
Cau Tran Thi Ly
Do Ba
P69 Table Produce
P52 Roots-Plant-based cafe
Ngo Thi Si
Phan Tu
P60 INFINITY BAR

ダナン拡大図

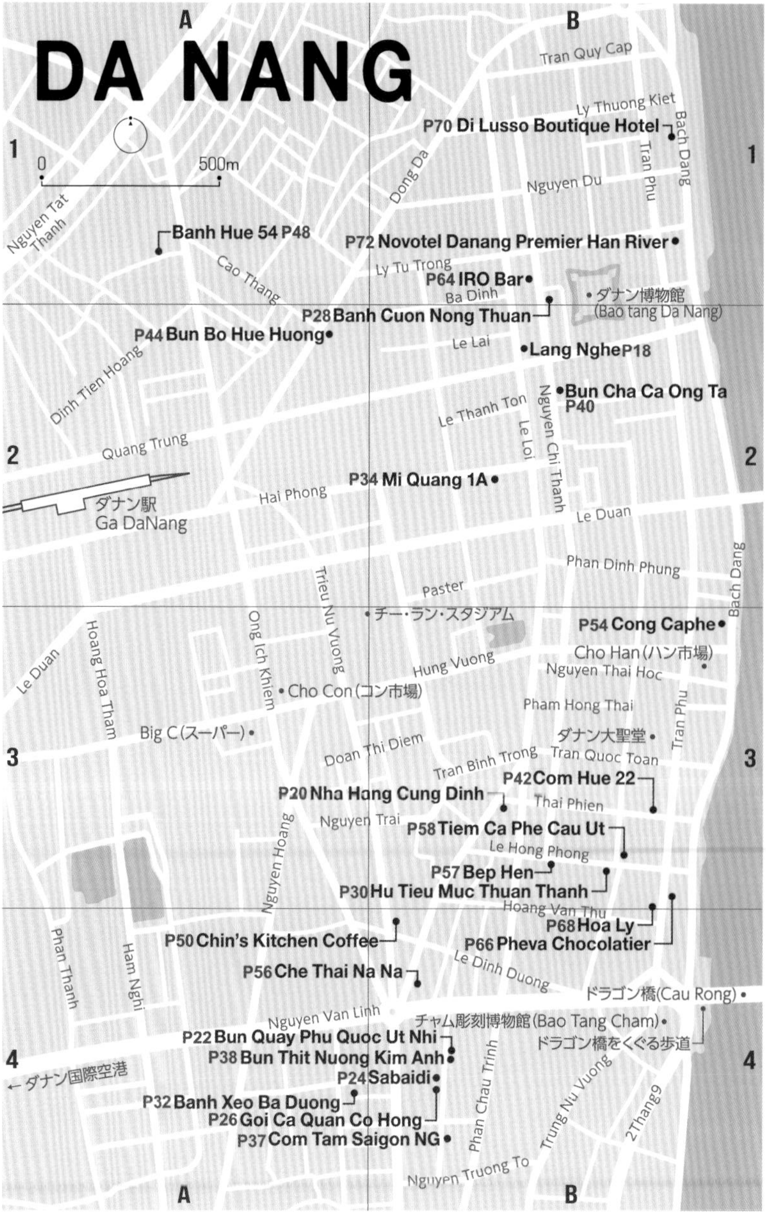
DA NANG
A
B
1
2
3
4
0
500m
Tran Quy Cap
Ly Thuong Kiet
P70 Di Lusso Boutique Hotel
Bach Dang
Tran Phu
Dong Da
Nguyen Du
Nguyen Tat Thanh
Banh Hue 54 P48
P72 Novotel Danang Premier Han River
Cao Thang
Ly Tu Trong
P64 IRO Bar
Ba Dinh
ダナン博物館
(Bao tang Da Nang)
P28 Banh Cuon Nong Thuan
P44 Bun Bo Hue Huong
Le Lai
Lang Nghe P18
Dinh Tien Hoang
Bun Cha Ca Ong Ta
P40
Le Thanh Ton
Nguyen Chi Thanh
Le Loi
Quang Trung
P34 Mi Quang 1A
ダナン駅
Ga DaNang
Hai Phong
Le Duan
Phan Dinh Phung
Trieu Nu Vuong
Paster
チー・ラン・スタジアム
P54 Cong Caphe
Ong Ich Khiem
Hoang Hoa Tham
Cho Han(ハン市場)
Hung Vuong
Nguyen Thai Hoc
Cho Con(コン市場)
Pham Hong Thai
Big C(スーパー)
ダナン大聖堂
Doan Thi Diem
Tran Quoc Toan
Tran Binh Trong
P42 Com Hue 22
P20 Nha Hang Cung Dinh
Thai Phien
Nguyen Hoang
Nguyen Trai
P58 Tiem Ca Phe Cau Ut
Le Hong Phong
P57 Bep Hen
P30 Hu Tieu Muc Thuan Thanh
Hoang Van Thu
P68 Hoa Ly
P50 Chin's Kitchen Coffee
P66 Pheva Chocolatier
Phan Thanh
Ham Nghi
Le Dinh Duong
P56 Che Thai Na Na
ドラゴン橋(Cau Rong)
Nguyen Van Linh
チャム彫刻博物館(Bao Tang Cham)
P22 Bun Quay Phu Quoc Ut Nhi
ドラゴン橋をくぐる歩道
P38 Bun Thit Nuong Kim Anh
←ダナン国際空港
P24 Sabaidi
Phan Chau Trinh
Trung Nu Vuong
2Thang9
P32 Banh Xeo Ba Duong
P26 Goi Ca Quan Co Hong
P37 Com Tam Saigon NG
Nguyen Truong To

ホイアン拡大図

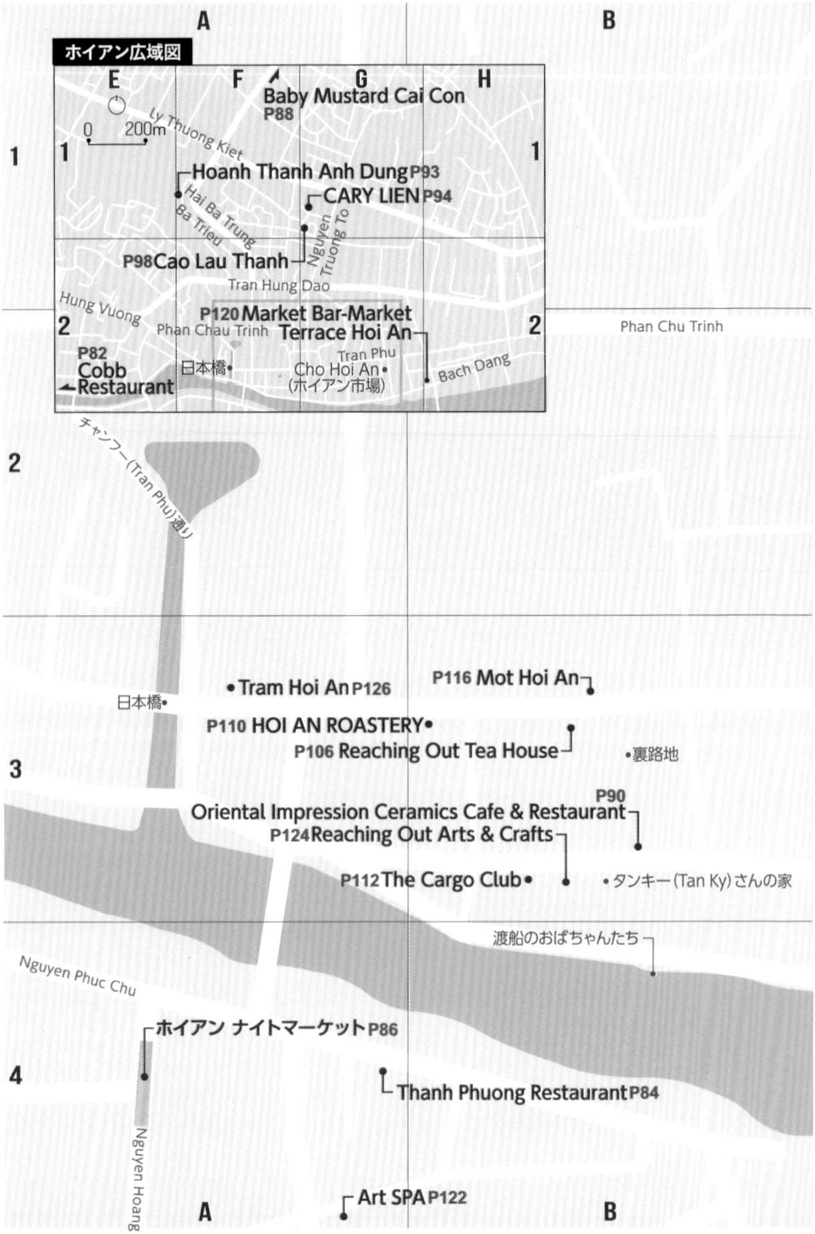

A
B
ホイアン広域図
E
F
G
H
Baby Mustard Cai Con P88
0 200m
Ly Thuong Kiet
1
1
1
Hoanh Thanh Anh Dung P93
CARY LIEN P94
Hai Ba Trung
Ba Trieu
Nguyen Truong To
P98 Cao Lau Thanh
Tran Hung Dao
Hung Vuong
2
2
P120 Market Bar-Market Terrace Hoi An
Phan Chau Trinh
Phan Chu Trinh
P82 Cobb Restaurant
日本橋
Tran Phu
Cho Hoi An (ホイアン市場)
Bach Dang
チャンフー(Tran Phu)通り
2
Tram Hoi An P126
P116 Mot Hoi An
日本橋
P110 HOI AN ROASTERY
P106 Reaching Out Tea House
裏路地
3
P90 Oriental Impression Ceramics Cafe & Restaurant
P124 Reaching Out Arts & Crafts
P112 The Cargo Club
タンキー(Tan Ky)さんの家
渡船のおばちゃんたち
Nguyen Phuc Chu
ホイアン ナイトマーケット P86
4
Thanh Phuong Restaurant P84
Nguyen Hoang
Art SPA P122
A
B

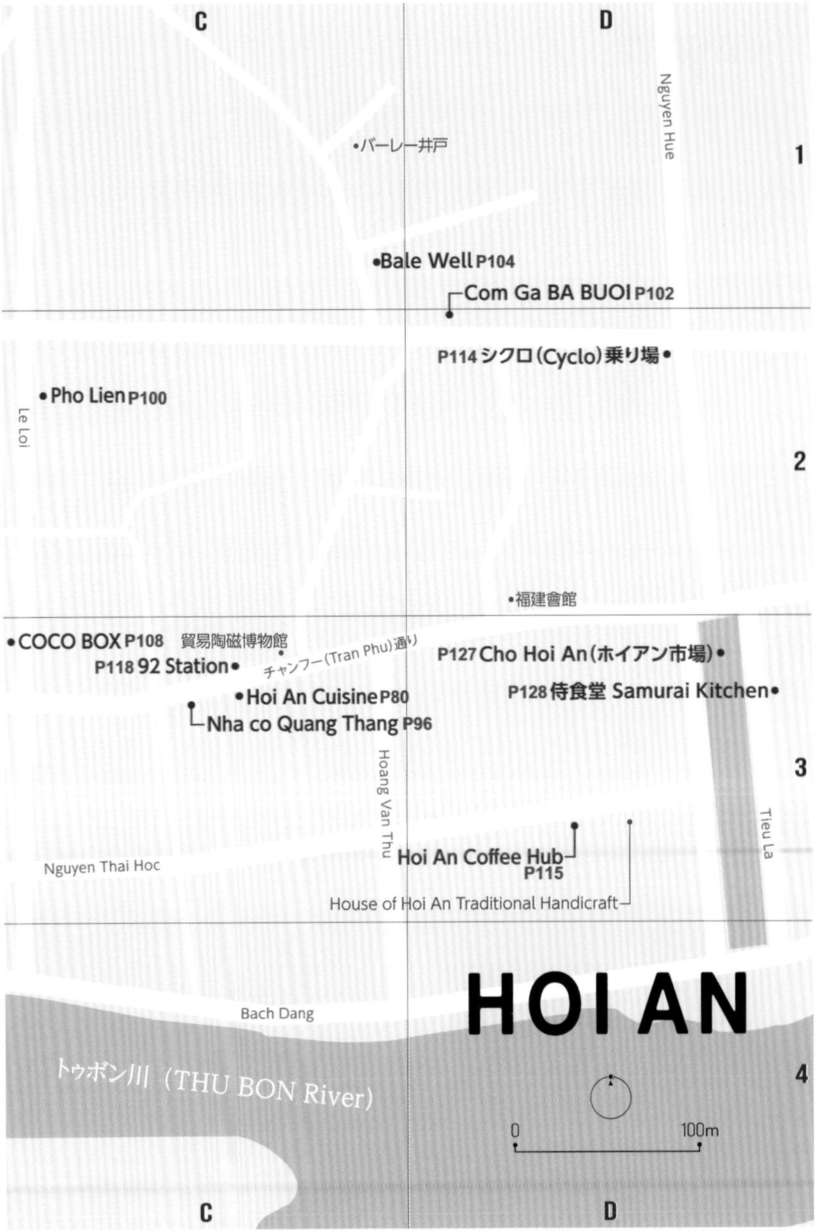
C
D
Nguyen Hue
1
•バーレー井戸
•Bale Well P104
Com Ga BA BUOI P102
P114 シクロ(Cyclo)乗り場•
•Pho Lien P100
Le Loi
2
•福建會館
•COCO BOX P108
貿易陶磁博物館
P118 92 Station•
チャンフー(Tran Phu)通り
P127 Cho Hoi An(ホイアン市場)•
•Hoi An Cuisine P80
P128 侍食堂 Samurai Kitchen•
Nha co Quang Thang P96
Hoang Van Thu
3
Tieu La
Hoi An Coffee Hub P115
Nguyen Thai Hoc
House of Hoi An Traditional Handicraft
HOI AN
Bach Dang
トゥボン川 (THU BON River)
4
0
100m
C
D

フエ拡大図

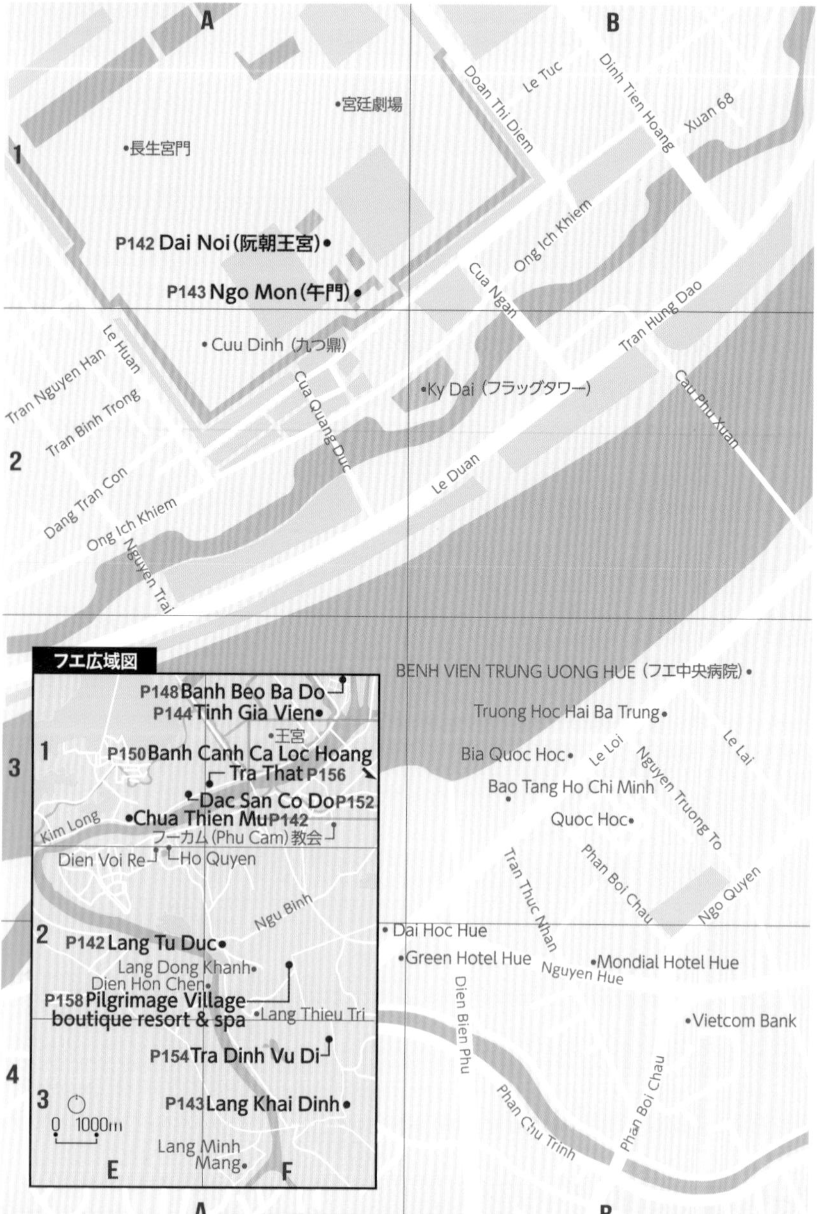

A
B
1
2
3
4
Doan Thi Diem
Le Tuc
Dinh Tien Hoang
Xuan 68
•宮廷劇場
•長生宮門
P142 Dai Noi(阮朝王宮)•
P143 Ngo Mon(午門)•
Ong Ich Khiem
Cua Ngan
Tran Hung Dao
Le Huan
•Cuu Dinh (九つ鼎)
Tran Nguyen Han
Tran Binh Trong
Cua Quang Duc
•Ky Dai (フラッグタワー)
Cau Phu Xuan
Le Duan
Dang Tran Con
Ong Ich Khiem
Nguyen Trai
BENH VIEN TRUNG UONG HUE (フエ中央病院)•
Truong Hoc Hai Ba Trung•
Le Lai
Bia Quoc Hoc•
Le Loi
Nguyen Truong To
Bao Tang Ho Chi Minh
Quoc Hoc•
Tran Thuc Nhan
Phan Boi Chau
Ngo Quyen
• Dai Hoc Hue
•Green Hotel Hue
Nguyen Hue
•Mondial Hotel Hue
Dien Bien Phu
•Vietcom Bank
Phan Boi Chau
Phan Chu Trinh
フエ広域図
P148 Banh Beo Ba Do
P144 Tinh Gia Vien•
•王宮
P150 Banh Canh Ca Loc Hoang
Tra That P156
Dac San Co Do P152
•Chua Thien Mu P142
Kim Long
フーカム(Phu Cam)教会
Dien Voi Re
Ho Quyen
Ngu Binh
P142 Lang Tu Duc•
Lang Dong Khanh•
Dien Hon Chen•
P158 Pilgrimage Village boutique resort & spa
•Lang Thieu Tri
P154 Tra Dinh Vu Di
P143 Lang Khai Dinh•
0 1000m
Lang Minh Mang•
E
F

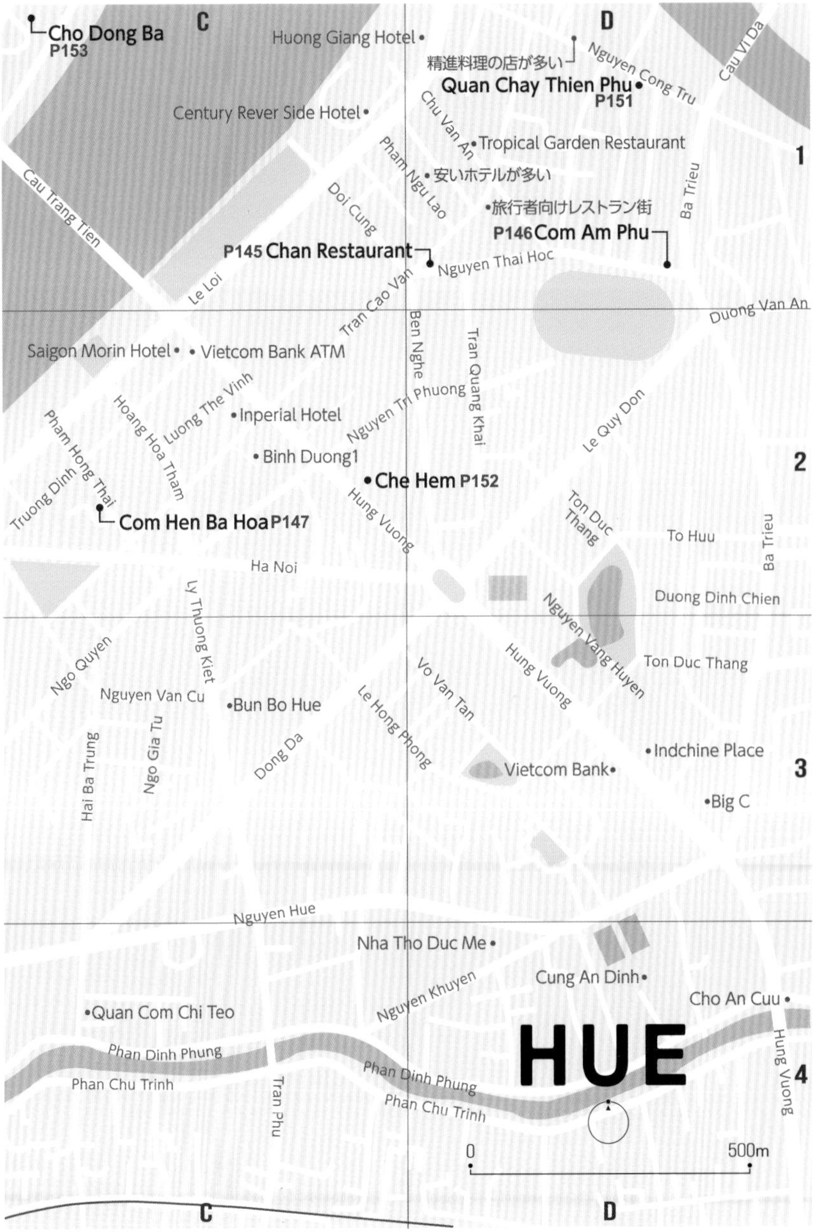
HUE
C
D
1
2
3
4
Cho Dong Ba P153
Huong Giang Hotel
精進料理の店が多い
Quan Chay Thien Phu P151
Nguyen Cong Tru
Cau Vi Da
Century Rever Side Hotel
Chu Van An
Tropical Garden Restaurant
Pham Ngu Lao
安いホテルが多い
旅行者向けレストラン街
Cau Trang Tien
Doi Cung
Ba Trieu
P146 Com Am Phu
P145 Chan Restaurant
Nguyen Thai Hoc
Le Loi
Tran Cao Van
Duong Van An
Ben Nghe
Tran Quang Khai
Saigon Morin Hotel
Vietcom Bank ATM
Luong The Vinh
Nguyen Tri Phuong
Inperial Hotel
Hoang Hoa Tham
Pham Hong Thai
Le Quy Don
Binh Duong1
Che Hem P152
Truong Dinh
Hung Vuong
Ton Duc Thang
Com Hen Ba Hoa P147
To Huu
Ha Noi
Ly Thuong Kiet
Duong Dinh Chien
Nguyen Vang Huyen
Ngo Quyen
Ton Duc Thang
Nguyen Van Cu
Vo Van Tan
Bun Bo Hue
Le Hong Phong
Ngo Gia Tu
Hai Ba Trung
Dong Da
Indchine Place
Vietcom Bank
Big C
Nguyen Hue
Nha Tho Duc Me
Cung An Dinh
Nguyen Khuyen
Cho An Cuu
Quan Com Chi Teo
Phan Dinh Phung
Phan Chu Trinh
Tran Phu
Phan Dinh Phung
Phan Chu Trinh
Hung Vuong
0
500m

あとがき

いかがでしたでしょうか。今回取材が始まったころはまだ観光は回復しておらず、休業していたお店も多かったのですが、その中でも強かったのは屋台ですね。屋台は身軽で、観光客よりも地元の人を意識して営業しているので、復活は早かったです。

2022年の夏ごろからベトナム人観光客が増え、週末だけ営業するお店などが増えてきました。休業していた４つ星、５つ星ホテルもあの手この手で観光客を集め始めて、復活の兆しが見えてきました。

日本の東大寺に収蔵されている蘭奢待（らんじゃたい）は、15世紀にダナンがまだベトナムではなくチャンパ王国だったころにチャンパ王国から贈られたものと言われています。雅楽の林邑楽（りんゆうがく）もチャンパから伝わり、沖縄の泡盛もかつてはチャンパ米を使って造られていたと伝わってます。

ここ中部の名物ミークアンという麺や、ホイアン名物のカオラウもルーツは日本の伊勢うどんと言われていますが、私はコシの無いミークアンの方が伊勢うどんに近いかな？ と思っています。カオラウは漢字では「高篭」と書くらしく、高く積み重ねた蒸しかごで蒸した麺だからということです。これは中国人が伝えたものだよという人もいます。ちなみにフエではカオラウというと「ワンタン」のことを指します。これも「高篭」から来ているのだそうです。

フランス占領時には、フランスの食文化が入ってきて、ベトナムコーヒーや、フランスパンを使ったサンドイッチのバインミーが食べられるようになり、ケムフランと呼ばれるプリンも一般的になりました。今では、世界各国の食文化がベトナム人の味覚と融合してさまざまな新しい味も生まれてきています。そんな食文化の歴史もこの本と一緒に味わっていただきたいと思います。

ダナンはもちろんビーチリゾートです。最近ではサーフボードやサップをレンタルしてくれるお店もでき、ビーチ沿いには屋台ならぬキッチンカーが並んでいたりと、また新しいスタイルのビーチが生まれてきています。毎月旧暦の16日の夜にはビーチに大きな月が上がります。夜風にあたりながらシーフードを食べ、ビールを飲むのが私の楽しみです。みなさんもぜひ、そんなビーチのひとときを楽しんでください。

この本のほかにもInstagramやFacebookでも情報を更新しています。最近はボチボチですがYouTubeで「ぶらshiro」という中部の街をぶらぶら歩く動画もお伝えしていますので、ぜひご覧になってみてください。この本が、みなさまのダナン滞在のお手伝いをさせていただけますよう、お祈りしながらあとがきとさせていただきます。

2023年　隅野 史郎

隅野史郎 | Shiro Sumino |

ダナン在住23年、著名な写真家や料理研究家などプロから絶大な支持を集めるスペシャル・コーディネーター。皆から敬愛を込めて"Shiroさん"と呼ばれ、その人柄と腕は折り紙つき。街を歩けば知り合いだらけ。恥ずかしがりやで人見知りがちなおばちゃんからも親しげに話しかけられるなど、現地の人からも慕われている日本人の一人。元料理人ということもあり、食材や調理法にも詳しく、店のプロモーションに一役買うことも。リゾート地や美味しいレストランの情報はもちろん、旅行誌には載っていない安全で美味しいローカル食堂の情報や穴場の絶景スポットなどShiroさんだからこそ案内できる、とっておきの情報も満載。Shiroさんへの旅行相談はFacebookページまで。
https://www.facebook.com/shirodanang

企画・編集　株式会社ネオパブリシティ
デザイン　伊藤直子(株式会社ネオパブリシティ)
撮影　若林聖人・Hien Le・Pham Anh・株式会社ネオパブリシティ
地図　Truong Binh Phuong・庄司英雄

現地在住日本人ガイドが案内する
ダナン・ホイアン・フエ [増補改訂版]

第1刷　2023年3月24日

著者　隅野史郎

発行者　菊地克英
発行　株式会社東京ニュース通信社
〒104-8415 東京都中央区銀座7-16-3
電話 03-6367-8023

発売　株式会社講談社
〒112-8001 東京都文京区音羽2-12-21
電話 03-5395-3606

印刷・製本　株式会社シナノ

ISBN978-4-06-530998-8